Dolci

ZABERT
SANDMANN

Inhalt

Aus der Zuckerbäckerei
All you need is sweet

Warum lässt man sich den Alltag lieber versüßen als versalzen? Weil Süßspeisen Farbe in das graue Einerlei bringen: Sie schmeicheln der Zunge und versöhnen mit der Welt. Torten, Kuchen und Naschereien bereiten Freude beim Zubereiten und sind die Sensation auf der Kaffeetafel. Die Herstellung der verschiedenen »Dolci« ist im Grunde gar nicht schwer. In der süßen Küche wird Qualität großgeschrieben: Je hochwertiger und frischer die Zutaten, desto gelungener das Resultat! Bei Cremes spielen Sahne, Eischnee und Gelatine die tragende Rolle. Teige bestehen meist aus Eiern, Mehl, Zucker und Butter. Diese Zutaten lassen sich auf viele verschiedene Arten verrühren oder -kneten und bilden so die Basis für die leckersten Kuchen und Torten. Heiße Desserts aus Pfanne und Ofen sorgen nicht nur an kalten Winterabenden für Hochgenuss: Früchte und Beeren unter einem süßen Gratin sind gerade während ihrer Erntezeit besonders angesagt. Egal welches Dessert Sie als Finale eines Menüs wählen, wichtig ist, dass es auch dazu passt! Kühle Sorbets liegen voll im Trend und sind selbst nach einem reichhaltigen Essen leicht bekömmlich. Aber auch die klassischen »Dolci« wie Crème caramel haben nach wie vor viele Bewunderer. Übrigens: Beim süßen Ende kann man auch getrost einmal auf das Kalorienzählen verzichten!

1

FRÜCHTE (links), wie z. B. Aprikosen, Birnen und Beeren aller Art eignen sich für vielerlei Desserts. Ob eingekocht als Kompott oder als Püree in Saucen und Cremes, man sollte nur frisches, absolut unversehrtes Obst verwenden.

1 **MANDELN** und Nüsse sind im Handel ungeschält oder geschält, im Ganzen, gehackt oder gemahlen erhältlich. Sie geben Kuchen und Gebäck Saftigkeit und Biss. Sind sie geröstet, wird ihr Aroma noch intensiver.

2 **ZIMTSTANGEN** sind die getrockneten Rinden des tropischen Zimtbaumes. Für Flüssigkeiten verwendet man meist Stücke der Stangen und lässt sie darin ziehen. Für Füllungen und Teige nimmt man eher das Pulver.

2

3

3 **SAHNE** gibt Desserts Fülle. Sie sollte nicht zu schnell geschlagen werden, da sie sonst nicht locker wird.

4 **SCHOKOLADE** gibt Süßem Farbe und den typischen Geschmack. Beim Backen wird Kuvertüre der Schokolade vorgezogen – durch ihren höheren Fettanteil schmilzt sie leichter. Egal ob Schoko oder Kuvertüre – für ein optimales Ergebnis beim Schmelzen im Wasserbad nicht über 40 °C erhitzen! Es gibt dunkle (zartbitter), helle (Vollmilch) oder weiße Kuvertüre.

5 **EIER** sind in der Backstube unentbehrlich. Eigelbe machen den Kuchenteig mürbe, Eischnee bringt Luftigkeit in Cremes. Eier sollten stets tadellos frisch sein – am besten verarbeitet man Bio-Eier.

6 **MEHL** – speziell Weizenmehl – hält den Teig zusammen und gibt ihm Festigkeit. Meist wird mit Mehl der Type 405 oder 550 gebacken.

4

5

6

7 **ZITRONEN** liefern einen naturreinen Aromastoff. Nicht nur der Saft eignet sich als Geschmacksgeber, sondern auch die abgeriebene unbehandelte Schale ist ein wichtiges Würzmittel.

7

BACKPULVER besteht aus Natron und einer Säure. Durch Feuchtigkeit entsteht Kohlensäure, die den Teig beim Backen locker aufgehen lässt.

BUTTER – ohne Fett geht bei den meisten Teigen gar nichts. Butter macht sie geschmeidig und das Ergebnis saftig.

GELATINE ist ein Geliermittel. Sie wird zunächst in kaltem Wasser eingeweicht und dann in heißer Flüssigkeit aufgelöst.

KANDIERTE BLÜTEN, z. B. Veilchen oder Rosenblütenblätter machen jedes Dessert zu etwas ganz Besonderem.

LEBENSMITTELFARBEN sind ideal, um beispielsweise Glasuren zu verzieren oder Marzipan einzufärben. Man bekommt sie in der Backwarenabteilung.

MARZIPAN wird in der süßen Küche vorwiegend als Marzipanrohmasse verarbeitet. Sie besteht aus gemahlenen Mandeln, Puderzucker und Aroma.

VANILLESCHOTEN enthalten das Vanillemark, das für ein unverwechselbares Aroma sorgt. Nicht zu vergleichen ist es mit dem des synthetischen Vanillins.

ZUCKER ist nicht nur seiner Süßkraft wegen beim Backen unentbehrlich, er gibt dem Teig auch Fülle und Struktur. Puderzucker löst sich schnell auf und eignet sich deshalb gut für Glasuren.

Step by Step
So gelingen Cremes & Co.

Aber bitte mit Sahne! Sie ist und bleibt unersetzlich als Grundlage für Füllungen, Cremes und Mousses. Als perfektes Lockerungsmittel gibt sie Fülle und geschmacklich das gewisse Etwas. Daneben sorgt auch der kalorienärmere Eischnee in Süßspeisen für Lockerheit und Stabilität. Auf Gelatine kann man in der Zuckerbäckerei kaum verzichten: Man erhält das geschmacksneutrale tierische Produkt in Blatt- oder Pulverform. Besonders bei Cremedesserts und sahnigen Füllungen sorgt die Gelatine für Festigkeit. Wer es lieber pflanzlich mag, verwendet stattdessen Agar-Agar, ein aus Meeresalgen gewonnenes Pulver. Als Gerüst für zierliche Tartes und prachtvolle Torten dienen Teige aller Art. Ob zarter Mürbeteig, der die Kälte liebt, oder locker-leichter Biskuit – nur auf der richtigen Grundlage bleiben Obstbeläge und Füllungen perfekt in Form. Ständiges Rühren ist bei Sorbets das A und O, so wird die Eiskristallbildung weitgehend verhindert, und das Dessert zergeht später wahrlich auf der Zunge. Bei Parfaits sorgen Eigelbe und Sahne für eine cremige Konsistenz.

Panna cotta zubereiten

1 In einer kleinen Schüssel 3 Blatt weiße Gelatine in kaltem Wasser einweichen. Eine Vanilleschote der Länge nach aufschneiden und das Mark herauskratzen.

2 Die Vanilleschote und das Mark mit 500 g Sahne und 40 g Zucker in einen Topf geben. Die Sahne aufkochen und 8 Minuten köcheln lassen.

3 Die Gelatineblätter mit den Händen gut ausdrücken, in die heiße Vanillesahne geben und unter Rühren darin auflösen.

4 Die Vanillesahne in Förmchen gießen und in den Kühlschrank stellen. Die Sahnecreme in den Förmchen 6 Stunden fest werden lassen.

5 Die Panna cotta aus dem Kühlschrank nehmen und die Creme mit einem spitzen Messer vorsichtig vom Förmchenrand lösen.

6 Die Förmchen kurz in heißes Wasser tauchen und die Panna cotta auf Dessertteller stürzen. Nach Belieben mit Himbeer- oder Erdbeersauce servieren.

Zitronensorbet zubereiten

1 Den Saft und die abgeriebene Schale von 3 unbehandelten Zitronen mit 350 ml Wasser und 250 g Zucker in einem Topf sirupartig einkochen lassen.

2 Den Zitronensirup durch ein Sieb in eine flache Metallschüssel gießen. Die Fruchtmasse zugedeckt 4 Stunden in das Tiefkühlfach stellen.

3 Damit das Zitronensorbet schön locker wird, die Fruchtmasse jede Stunde mit einem Kochlöffel oder einer Gabel durchrühren.

4 Das fast durchgefrorene Sorbet im Blitzhacker cremig mixen und 1 weitere Stunde tiefkühlen. Zum Servieren mit einem Löffel Kugeln oder Nocken daraus formen.

Torteletteförmchen zubereiten

1 Mürbeteig zubereiten und kühl stellen. Förmchen mit Butter einfetten. Den Teig mit dem Nudelholz 4 bis 5 mm dick ausrollen und über die Förmchen legen.

2 Den Teig behutsam mit den Fingern oder einem Pinsel in die Förmchen drücken. Mit dem Nudelholz fest über die Förmchen fahren und sie aus der Teigplatte schneiden.

Biskuitteig zubereiten (Grundrezept)

1 Sechs Eier trennen. Die Eigelbe und 175 g Zucker in einer Schüssel im heißen Wasserbad mit dem Handrührgerät schaumig schlagen. Schüssel aus dem Wasserbad nehmen.

2 150 g Mehl auf die Eiermasse sieben. 90 g Butter in einem kleinen Topf bei schwacher Hitze zerlassen. Lauwarm abkühlen lassen und zur Eiermasse geben.

3 Springform (26 cm ø) einfetten, den Ofen auf 180 °C vorheizen. Die Eiweiße in einer zweiten Schüssel mit dem Handrührgerät zu einem festen Schnee schlagen.

4 Ein Drittel des Eischnees mit dem Mehl vorsichtig unter die Eiermasse rühren, den Rest unterheben. Biskuit in die Form füllen und im Ofen 35 Minuten backen.

Creme- & Eisdesserts

Weiße Kaffeecreme
mit Rotweinfeigen

Für süße Träume: Lauwarme Rotweinfeigen sind auf einem flauschigen Kissen aus sahniger Kaffeecreme weich gebettet

Zutaten

Für die Creme:

15 Kaffeebohnen

500 g Sahne

100 ml Milch

80 g Zucker

7 Eigelb

Für die Feigen:

6 Feigen

1/2 l Rotwein

200 ml roter Portwein

120 g Zucker

Mark von 1 Vanilleschote

Außerdem:

150 g extrafeiner Zucker

Öl für das Backblech

Zubereitung

FÜR 6 PERSONEN

1 Für die Creme die Kaffeebohnen in einer beschichteten Pfanne leicht anrösten. In einen Gefrierbeutel füllen und mit dem Plattiereisen fein zerstoßen. Die Kaffeebrösel mit Sahne, Milch und Zucker in einem Topf aufkochen. Kaffeesahne etwas abkühlen und im Kühlschrank zugedeckt 1 Stunde ziehen lassen.

2 Den Backofen auf 115 °C vorheizen. Die Kaffeesahne durch ein Sieb gießen und mit den Eigelben verrühren. Die Creme auf sechs ofenfeste Gläser verteilen und im vorgeheizten Ofen auf der mittleren Schiene 55 Minuten stocken lassen. Herausnehmen und abkühlen lassen.

3 Für die Feigen die Früchte waschen, trocken tupfen, an der Spitze kreuzförmig einschneiden und in ein sauberes Weckglas geben. Den Rotwein, den Portwein, den Zucker und das Vanillemark in einem Topf aufkochen und auf ein Viertel (etwa 200 ml) einkochen lassen. Den Rotweinsirup zu den Feigen geben und das Glas gut verschließen. In einem Topf Wasser zum Kochen bringen. Das Weckglas in einen passenden Siebeinsatz stellen und die Feigen mit aufgelegtem Topfdeckel 20 Minuten garen.

4 Den extrafeinen Zucker in einem Topf hellbraun karamellisieren lassen und auf ein geöltes Blech mit einem Holzlöffel dünne Fäden sprenkeln. Die Karamellfäden erkalten lassen. Auf die Kaffeecreme im Glas jeweils 1 Feige mit etwas Rotweinsirup setzen und mit den Karamellfäden garnieren.

Tipp

Für die Rotweinfeigen benötigen Sie ein Weckglas von 1/2 l Inhalt. Wer keine Feigen mag, ersetzt sie einfach durch Zwetschgen. Dafür die Zwetschgen waschen, entsteinen und in das Weckglas geben.

Erdbeercreme
mit Rhabarberkompott

Früchtchen mit sonniger Botschaft: Wenn es wieder süße Erdbeeren und säuerlichen Rhabarber gibt, steht der Sommer endlich vor der Tür

Zutaten

Für das Kompott:

2 Vanilleschoten

300 g Rhabarber

je 1/8 l Weißwein und Apfelsaft

150 g Zucker

1 Zimtstange

1 Sternanis

Für die Creme:

200 g Erdbeeren

4 Blatt weiße Gelatine

je 200 g Sahne und Speisequark

4 EL Zitronensaft

2 TL abgeriebene unbehandelte Zitronenschale

50 g Zucker

4 Biskuitplätzchen (Fertigprodukt)

Zubereitung

FÜR 4 PERSONEN

1 Für das Kompott die Vanilleschoten der Länge nach aufschneiden und das Mark herauskratzen. Den Rhabarber putzen, schälen und schräg in 4 cm große Stücke schneiden. Die Rhabarberschalen mit Weißwein, Apfelsaft, Zucker, Zimt, Sternanis, beiden Vanilleschoten und der Hälfte des Vanillemarks in einem Topf bei schwacher Hitze etwa 30 Minuten köcheln lassen.

2 Die Rhabarbersauce durch ein Sieb in einen zweiten Topf gießen. Die Rhabarberstücke dazugeben und das Kompott bei schwacher Hitze zugedeckt einige Minuten garen, bis der Rhabarber weich ist, aber nicht zerfällt.

3 Für die Creme die Erdbeeren waschen und putzen, einige schöne Exemplare für die Deko beiseitelegen, den Rest klein schneiden und mit dem Stabmixer fein pürieren. Die Gelatine in kaltem Wasser einweichen. Die Sahne steif schlagen und mit dem Erdbeerpüree und dem Quark verrühren.

4 Den Zitronensaft und die -schale mit dem Zucker und dem restlichen Vanillemark in einem kleinen Topf aufkochen lassen, bis sich der Zucker aufgelöst hat. Die Gelatine gut ausdrücken und im heißen Zitronensud auflösen. Von der Erdbeercreme 2 bis 3 EL abnehmen und mit der Zitronengelatine verrühren. Anschließend mit der restlichen Erdbeercreme gut mischen. Die Creme auf vier kleine Förmchen verteilen und zugedeckt 3 bis 4 Stunden kühl stellen.

5 Zum Servieren die Förmchen kurz in heißes Wasser tauchen, die Creme mit einem spitzen Messer vorsichtig vom Rand lösen, auf Dessertteller stürzen und mit dem Rhabarberkompott anrichten. Die beiseitegelegten Erdbeeren längs vierteln oder achteln und mit den Biskuits auf der Erdbeercreme anrichten. Nach Belieben mit Puderzucker bestäuben.

Maracuja-Kokos-Creme
mit Joghurt und Limette

Südsee-Feeling: Diese exotische Kreation aus sonnengereifter Frucht und milder Kokosnuss lässt sich am besten in der Hängematte genießen

Zutaten

Für die Maracujacreme:

4 Blatt weiße Gelatine

375 ml Maracujasaft

40 g Puderzucker

100 g Naturjoghurt

100 g Crème fraîche

250 g Sahne

3 Eiweiß

50 g Zucker

Für die Kokoscreme:

4 Blatt weiße Gelatine

400 ml Kokosmilch (ungesüßt)

3 EL Palmzucker

1 unbehandelte Limette

ca. 3 EL Maracujakerne zum Bestreuen

Zubereitung

FÜR 4 PERSONEN

1 Für die Maracujacreme die Gelatine in kaltem Wasser einweichen. Den Maracujasaft in einer Schüssel mit dem Puderzucker verrühren. Die Gelatine leicht ausdrücken, tropfnass in einem kleinen Topf erhitzen und auflösen. Etwas Saft abnehmen und mit der aufgelösten Gelatine verrühren. Anschließend mit dem restlichen Maracujasaft mischen. Den Joghurt und die Crème fraîche unter den Maracujasaft rühren.

2 Die Sahne steif schlagen. Die Eiweiße zu einem festen Schnee schlagen, dabei den Zucker einrieseln lassen. Die Sahne und den Eischnee nacheinander vorsichtig unter die Maracuja-Joghurt-Creme heben. Die Creme auf vier Gläser verteilen und im Kühlschrank zugedeckt einige Stunden fest werden lassen.

3 Für die Kokoscreme die Gelatine in kaltem Wasser einweichen. Die Kokosmilch in einem Topf erhitzen und den Palmzucker darin unter Rühren auflösen. Die Gelatine leicht ausdrücken und tropfnass ebenfalls in der heißen Kokosmilch auflösen. Alles etwas abkühlen lassen.

4 Die steife Maracujacreme aus dem Kühlschrank nehmen, die Kokosmischung darauf verteilen und im Kühlschrank fest werden lassen. Die Limette heiß waschen, trocken reiben und in Spalten schneiden. Zum Servieren die Creme mit Maracujakernen bestreuen und mit den Limettenspalten garnieren.

Tipp

Statt der Maracujakerne können Sie die Creme auch mit Kokosraspeln oder angerösteten Kokosspänen garnieren. Ersetzen Sie den Maracujasaft doch auch einmal durch Mango- oder Ananassaft.

Lavendelschaum
mit Himbeeren

Zutaten

2 TL getrocknete Lavendelblüten (aus der Apotheke)

200 ml fruchtiger Roséwein

100 g Zucker

2 TL Speisestärke

4 EL Rote-Bete-Saft

6 Eigelb

200 g Crème double

100 g Himbeeren

4 TL Limettensaft

Zubereitung

FÜR 4 PERSONEN

1 Die Lavendelblüten mit dem Roséwein und dem Zucker in einem Topf aufkochen. Die Mischung abkühlen lassen und durch ein Sieb in eine Schüssel gießen.

2 Die Stärke mit dem Rote-Bete-Saft anrühren und mit den Eigelben unter den Lavendelwein mischen. Die Masse im heißen Wasserbad mit dem Handrührgerät etwa 10 Minuten zu einem festen Schaum schlagen. Den Schaum zugedeckt 1 Stunde kühl stellen.

3 Die Crème double unter den Lavendelschaum heben. Die Himbeeren verlesen, kurz abbrausen und trocken tupfen. Den Lavendelschaum auf vier Gläser verteilen und mit den Himbeeren anrichten, den Limettensaft darüberträufeln. Nach Belieben mit Lavendelblüten garnieren und mit Puderzucker bestäuben.

Himbeercreme
mit Sahne und Quark

Zutaten

300 g Himbeeren
300 g Sahne
100 g Speisequark
2 Päckchen Vanillezucker
einige Minzeblätter
für die Deko

Zubereitung

FÜR 4 PERSONEN

1 Die Himbeeren verlesen, kurz abbrausen und trocken tupfen, einige schöne Exemplare für die Deko beiseitelegen. Den Rest mit dem Stabmixer pürieren und durch ein Sieb streichen.

2 Die Sahne steif schlagen. Den Quark und den Vanillezucker in einer Schüssel cremig rühren, das Himbeerpüree untermischen. Erst ein Drittel der Sahne unter die Quarkcreme rühren, dann den Rest unterheben.

3 Die Himbeercreme nach Belieben mit Puderzucker abschmecken. Die Minze in feine Streifen schneiden. Die Himbeercreme auf Dessertschälchen verteilen und mit der Minze und den Himbeeren garnieren.

Mokka-Joghurt-Flip
mit Marzipanlöffel

Gruß aus dem Wiener Kaffeehaus: Schwarze Kaffeecreme trifft mit einem fruchtigen Kuss aus Kirschkonfitüre auf leichten Vanillejoghurt

Zutaten

Für die Löffel:

100 g Marzipanrohmasse

1 Eiweiß · 2 EL Milch

1 EL Mehl

Für den Flip:

200 g Sahne

1 Päckchen Vanillezucker

600 g Naturjoghurt

1 Tässchen Espresso (abgekühlt)

1/4 TL Zimtpulver

8 TL Kirschkonfitüre

Außerdem:

ca. 100 g Sahne

Puderzucker und Kakaopulver zum Bestäuben

Zubereitung

FÜR 4 PERSONEN

1 Für die Löffel den Backofen auf 200 °C vorheizen. Ein Backblech mit Backpapier auslegen. Das Marzipan in kleine Würfel schneiden und mit dem Eiweiß, der Milch und dem Mehl zu einer geschmeidigen Masse verkneten. Die Marzipanmasse in 8 bis 12 Portionen teilen.

2 Jede Marzipanportion mithilfe eines Kaffeelöffels als Unterlage zu einem Löffel formen und diese auf das Backblech legen. Die Marzipanlöffel im vorgeheizten Ofen auf der mittleren Schiene etwa 5 Minuten goldbraun und knusprig backen. Herausnehmen und abkühlen lassen.

3 Für den Flip die Sahne mit dem Vanillezucker steif schlagen. Den Joghurt in eine Schüssel geben und die Vanillesahne unterheben. Vom Vanillejoghurt eine Hälfte abnehmen und in einer zweiten Schüssel mit dem Espresso und dem Zimt verrühren. Nach Belieben 1 TL Kakaopulver untermischen.

4 Jeweils etwas Mokkajoghurt auf vier Gläser verteilen und mit je 1 TL Kirschkonfitüre bedecken. Darauf eine Schicht Vanillejoghurt und den restlichen Mokkajoghurt geben. Mit 1 TL Konfitüre abschließen.

5 Die Sahne halb steif schlagen, auf jeden Flip eine Sahnehaube setzen und mit Puderzucker und Kakaopulver bestäuben. Je 1 Marzipanlöffel quer über ein Glas mit Mokka-Flip legen (die restlichen Löffel anderweitig verwenden) und sofort servieren.

Tipp

Falls Kinder mitessen, ersetzen Sie den Espresso in der Joghurtcreme durch geschmolzene Zartbitterschokolade. Sie können statt Kirschkonfitüre auch Himbeer- oder Erdbeerkonfitüre verwenden.

Zitronentürmchen mit Buttermilch und Birne

Leckeres Leichtgewicht: Bei diesen erfrischenden Türmchen können selbst Figurbewusste ohne Reue um einen Nachschlag bitten

Zutaten

3 Blatt weiße Gelatine

1 unbehandelte Zitrone

300 g Buttermilch

4 EL Birnendicksaft

1 Birne

Zubereitung

FÜR 2 PERSONEN

1 Die Gelatine in kaltem Wasser einweichen. Die Zitrone heiß waschen und trocken reiben. Von der Schale mit dem Zestenreißer einige feine Streifen abziehen, die restliche Schale fein abreiben. Die Zitrone halbieren und den Saft auspressen.

2 Die Buttermilch in eine Schüssel geben. Die Gelatine leicht ausdrücken, tropfnass in einem kleinen Topf erhitzen und auflösen. 1 EL Buttermilch abnehmen und mit der Gelatine verrühren. 2 weitere EL Buttermilch unterrühren, bis die Gelatine fast abgekühlt ist. Die Mischung unter die restliche Buttermilch rühren. Die Hälfte des Zitronensafts, 3 EL Birnendicksaft, die Zitronenzesten und die abgeriebene Zitronenschale unterrühren. Die Flüssigkeit auf zwei hohe Förmchen verteilen und im Kühlschrank zugedeckt gelieren lassen.

3 Inzwischen die Birne vierteln, schälen und das Kerngehäuse entfernen. Die Birnenviertel mit dem restlichen Zitronensaft und dem übrigen Birnendicksaft in einem kleinen Topf zugedeckt zum Kochen bringen und 1 Minute kochen lassen. Beiseitestellen und abkühlen lassen.

4 Zum Servieren die Förmchen kurz in heißes Wasser tauchen, die Creme mit einem spitzen Messer vorsichtig vom Rand lösen und auf Dessertteller stürzen. Mit den gekochten Birnenspalten anrichten. Nach Belieben mit Zitronenzesten und hauchdünnen, im Backofen getrockneten Birnenscheiben garnieren und mit Puderzucker bestäuben.

Tipp

Wer beim Gelieren von Cremes auf tierische Produkte verzichten will, verwendet am besten das auf pflanzlicher Basis hergestellte Agar-Agar. Man erhält es in Pulverform und rechnet $^1/_2$ TL für $^1/_4$ l Flüssigkeit.

Holunderblütencreme mit gerösteten Aprikosen

Duftende Sommerabende: Das süßlich herbe Aroma der Holunderblüten zieht in lauen Abendstunden nicht nur Bienen in seinen Bann

Zutaten

Für die Creme:

150 ml Milch

1 aufgeschlitzte Vanilleschote

60 g Zucker

3 EL Holunderblüten

5 Blatt weiße Gelatine

180 g Sahne

300 g Naturjoghurt

1 TL Zitronensaft

Für die Aprikosen:

1 kg Aprikosen

150 g Zucker

Saft von 1 Zitrone

1 Zimtstange

1 Vanilleschote

Zubereitung

FÜR 4 PERSONEN

1 Für die Creme die Milch mit der Vanilleschote und dem Zucker in einem Topf erhitzen. Den Topf vom Herd nehmen und die Holunderblüten in die heiße Milch rühren. Die Mischung zugedeckt 30 Minuten ziehen lassen.

2 Die Gelatine in kaltem Wasser einweichen. Die Holundermilch durch ein Sieb in einen Topf gießen und auffangen. Die Sahne halb steif schlagen.

3 Die Holundermilch nochmals leicht erwärmen, die Gelatine leicht ausdrücken und in der warmen Milch auflösen. Den Joghurt und den Zitronensaft unterrühren, die Sahne unter die Creme heben. Die Holunderblütencreme auf vier hohe Förmchen oder Gläser verteilen und im Kühlschrank zugedeckt mehrere Stunden fest werden lassen.

4 Für die Aprikosen die Früchte waschen, vierteln und entsteinen. Die Aprikosenviertel in einer Schüsel mit dem Zucker, dem Zitronensaft, dem Zimt und der Vanilleschote mischen. Ein Backblech mit Backpapier auslegen. Die Aprikosenmischung auf dem Blech verteilen und 30 Minuten ziehen lassen. Den Backofen auf 180 °C vorheizen.

5 Die Aprikosen im vorgeheizten Ofen auf der mittleren Schiene 12 bis 15 Minuten weich rösten, dabei gelegentlich durchrühren. Die Aprikosen herausnehmen und etwas abkühlen lassen. Den Zimt und die Vanilleschote entfernen.

6 Zum Servieren die Förmchen in heißes Wasser tauchen, die Creme mit einem spitzen Messer vorsichtig vom Rand lösen, auf Dessertteller stürzen und mit den gerösteten Aprikosen anrichten. Die Holunderblütencreme nach Belieben mit Minze garnieren und mit Puderzucker bestäuben.

Lebkuchenmousse
mit Orangensauce

Zutaten

3 Eier · 2 Eigelb · 90 g Zucker

2 Blatt weiße Gelatine

4 cl Kirschwasser

75 g gehackte dunkle Kuvertüre

1 TL Lebkuchengewürz

80 g Lebkuchen · 250 g Sahne

1/8 l kräftiger schwarzer Tee

100 ml Orangensaft

4 cl brauner Rum

80 ml roter Portwein · 1 Nelke

1 Vanilleschote · 1 Zimtstange

2 EL Speisestärke

Fruchtfilets von 2 Orangen

Ananaschips für die Deko (Fertigprodukt)

Zubereitung

FÜR 4 PERSONEN

1 Die Eier, die Eigelbe und 40 g Zucker im heißen Wasserbad mit dem Schneebesen schaumig schlagen. Im kalten Wasserbad weiterschlagen, bis die Masse etwas abgekühlt ist. Die Gelatine in kaltem Wasser einweichen.

2 Die Gelatine gut ausdrücken, in einem kleinen Topf mit dem Kirschwasser erhitzen und auflösen, dann unter die Eiermasse rühren. Die Kuvertüre in einer Schüssel im heißen Wasserbad unter Rühren schmelzen und mit dem Lebkuchengewürz unter die Eiercreme mischen.

3 Die Lebkuchen im Blitzhacker zerkleinern und unter die Creme mischen. Die Sahne steif schlagen und ebenfalls unterheben. Die Mousse zugedeckt mindestens 3 Stunden kühl stellen.

4 Den Tee in einem Topf mit Orangensaft, Rum, Portwein, Gewürzen und dem restlichen Zucker erhitzen. Die Stärke mit etwas kaltem Wasser anrühren und untermischen. Die Sauce kurz aufkochen und binden, dann abkühlen lassen.

5 Von der Mousse mit einem Löffel Nocken abstechen und mit der Sauce und Orangenfilets anrichten. Mit Ananaschips dekoriert servieren.

Crema catalana
mit Knusperkaramell

Zutaten

2 EL Speisestärke

1/2 l Milch

1 Vanilleschote

1 kleine Zimtstange

4 Eigelb

150 g Zucker

Zubereitung

FÜR 4 PERSONEN

1 Die Stärke mit ein wenig Milch anrühren. Die restliche Milch in einen Topf gießen. Die Vanilleschote der Länge nach aufschneiden und das Mark herauskratzen. Vanilleschote mit Mark und Zimt zu der Milch geben und erhitzen.

2 Die Eigelbe und 50 g Zucker in einer Schüssel mit dem Schneebesen schaumig rühren. Die Vanilleschote und den Zimt aus der Milch entfernen und die heiße Milch unter Rühren langsam zu dem Eierschaum gießen.

3 Die Schüssel in ein heißes Wasserbad stellen. Die Stärke unter die Eiermilch rühren und im Wasserbad weiterrühren, bis die Masse gebunden ist. Die Creme auf vier flache Dessertschälchen verteilen und im Kühlschrank mindestens 4 Stunden fest werden lassen.

4 Eine Stunde vor dem Servieren den restlichen Zucker in einem kleinen Topf mit 1 EL Wasser beträufeln und erhitzen, bis er nussbraun karamellisiert. Die Creme in den Schälchen damit beträufeln und nochmals kurz kühl stellen.

Crème caramel
mit Ingwer und Limette

Gegensätze ziehen sich an: Eine süße Crème caramel hat in spritzigen Zitrusfrüchten die idealen Begleiter gefunden

Zutaten

Für die Creme:

Butter für die Formen

140 g Zucker

4 EL Limettensaft

1 EL geriebener Ingwer

100 ml Milch

300 g Sahne

4 Eier

2 Eigelb

Für die Limetten:

2 unbehandelte Limetten

50 g Rohrzucker

Zubereitung

FÜR 6 PERSONEN

1 Am Vortag für die Creme sechs kleine ofenfeste Förmchen oder Tassen einfetten. In einem Topf 80 g Zucker hellbraun karamellisieren. Den Limettensaft und den Ingwer unterrühren, den Zuckersirup sofort auf die Tassen oder Förmchen verteilen und darin abkühlen lassen.

2 Den Backofen auf 140 °C vorheizen. Die Milch, die Sahne und den restlichen Zucker in einem Topf aufkochen und kurz köcheln lassen. Die heiße, aber nicht mehr kochende Flüssigkeit mit den Eiern und den Eigelben verrühren und auf die Förmchen mit dem Karamell verteilen.

3 Die Förmchen in ein tiefes Backblech stellen. So viel heißes Wasser angießen, dass die Förmchen zu etwa zwei Dritteln darin stehen. Die Creme im vorgeheizten Ofen auf der mittleren Schiene 50 Minuten stocken lassen. Herausnehmen und über Nacht kühl stellen.

4 Für die Limetten die Früchte heiß waschen, trocken reiben und in Spalten schneiden. Mit den Schnittseiten in den Rohrzucker tauchen und in einer beschichteten Pfanne bei schwacher Hitze karamellisieren lassen.

5 Zum Servieren die Förmchen in heißes Wasser tauchen, die Creme mit einem spitzen Messer vorsichtig vom Rand lösen und auf Dessertteller stürzen. Die Crème caramel mit je 1 karamellisierten Limettenspalte anrichten und nach Belieben mit Himbeeren garnieren.

Tipp

Die Creme braucht eine relativ lange Ruhezeit von etwa zwölf Stunden. Wird sie zu früh aus den Förmchen gelöst, klebt die Karamellschicht unter Umständen noch am Boden fest.

Dreierlei Mousse au chocolat
mit Schokoladenröllchen

Aller guten Dinge sind drei: Ob schwarz, braun oder weiß – hier lässt sich nach Lust und Laune in Schokolade schwelgen

Zutaten

Für die schwarze Mousse:
150 g Zartbitterschokolade
1 Tässchen starker Espresso
3 Eier · 2 EL Zucker
30 g Vanillezucker
125 g Sahne

Für die braune Mousse:
150 g Mokkaschokolade
1 Tässchen starker Espresso
1 TL Instant-Kaffeepulver
3 Eier · 2 EL Zucker
30 g Vanillezucker
125 g Sahne

Für die weiße Mousse:
150 g weiße Kuvertüre
5 Eiweiß · 2 EL Zucker
30 g Vanillezucker
125 g Sahne

verschiedene Sorten Schokoladenröllchen für die Deko

Zubereitung

FÜR 6–8 PERSONEN

1 Für die schwarze Mousse die Schokolade grob hacken. Mit dem Espresso in einer Schüssel im heißen Wasserbad unter Rühren schmelzen lassen und vom Herd nehmen. Die Eier trennen. Die Eiweiße zu einem festen Schnee schlagen, dabei den Zucker einrieseln lassen. Die Eigelbe mit dem Vanillezucker in einer Schüssel im heißen Wasserbad dickschaumig schlagen, bis sich der Zucker aufgelöst hat. Die Sahne steif schlagen. Die Eigelbmasse zu der geschmolzenen Schokolade geben und mit dem Schneebesen unterrühren. Dann die geschlagene Sahne ebenfalls unterrühren, bevor die Masse fest wird. Zuletzt den Eischnee vorsichtig unterheben.

2 Für die braune Mousse die Schokolade grob hacken. Mit dem Espresso und dem Kaffeepulver in einer Schüssel im heißen Wasserbad unter Rühren schmelzen lassen und vom Herd nehmen. Die Eier trennen. Die Eiweiße zu einem festen Schnee schlagen, dabei den Zucker einrieseln lassen. Die Eigelbe mit dem Vanillezucker in einer Schüssel im heißen Wasserbad dickschaumig schlagen, bis sich der Zucker aufgelöst hat. Die Sahne steif schlagen. Die Eigelbmasse zu der geschmolzenen Schokolade geben und mit dem Schneebesen unterrühren. Dann die geschlagene Sahne ebenfalls unterrühren, bevor die Masse fest wird. Zuletzt den Eischnee vorsichtig unterheben.

3 Für die weiße Mousse die Kuvertüre grob hacken und in einer Schüssel im heißen Wasserbad unter Rühren schmelzen lassen. Die Eiweiße zu einem festen Schnee schlagen, dabei den Zucker und den Vanillezucker einrieseln lassen. Die Sahne steif schlagen. Die Sahne unter die geschmolzene Kuvertüre rühren, dann den Eischnee vorsichtig unterheben.

4 Die dreierlei Mousses jeweils glatt streichen und zugedeckt kühl stellen. Zum Servieren mit einem in heißes Wasser getauchten Löffel Nocken abstechen, auf Tellern anrichten und mit den Schokoladenröllchen garnieren.

Erdbeer-Tiramisu
mit Orangensaft und Kakao

Schicht für Schicht ein Genuss: Unter einem Mantel aus Kakao vereinen sich zarte Erdbeercreme und knusprige Biskuits zu einer Köstlichkeit

Zutaten

500 g Erdbeeren

100 g Puderzucker

200 g Sahne

500 g Mascarpone

2 EL Eierlikör

250 g Löffelbiskuits

350 ml Orangensaft

Kakaopulver zum Bestäuben

Zubereitung

FÜR 6–8 PERSONEN

1. Die Erdbeeren waschen, putzen und trocken tupfen. Die Beeren in kleine Stücke schneiden und in einer Schüssel mit der Hälfte des Puderzuckers bestäuben.

2. Die Sahne steif schlagen. Den Mascarpone mit dem restlichen Puderzucker und dem Eierlikör in einer Schüssel glatt rühren. Die marinierten Erdbeerstücke und die Sahne unterheben.

3. Eine eckige Form mit 2 EL Erdbeer-Mascarpone-Creme ausstreichen. Die Löffelbiskuits kurz in Orangensaft tauchen und nebeneinander flach in die Form schichten. Die Hälfte der Erdbeer-Mascarpone-Creme darauf verteilen und glatt streichen. Eine zweite Lage getränkte Löffelbiskuits daraufschichten, mit der restlichen Erdbeer-Mascarpone-Creme bedecken und die Creme glatt streichen.

4. Das Tiramisu mit Frischhaltefolie abdecken und 2 Stunden kühl stellen. Kurz vor dem Servieren die Folie entfernen und das Tiramisu durch ein feines Sieb dick mit Kakaopulver bestäuben. Nach Belieben mit Schokoröllchen, Erdbeersauce und Erdbeeren garniert servieren.

Tipp

Für ein Picknick schichten Sie das Tiramisu am besten gleich in verschließbare Weckgläser. Wenn Kinder mitessen, rühren Sie den Mascarpone statt mit Eierlikör mit ein bisschen Orangensaft glatt.

Panna cotta
mit Himbeersauce

Zutaten

1 Vanilleschote

500 g Sahne

3 EL Zucker

3 Blatt weiße Gelatine

200 g Himbeeren

Zubereitung

FÜR 4 PERSONEN

1 Die Vanilleschote der Länge nach aufschneiden und das Mark herauskratzen. Die Sahne mit dem Zucker, der Vanilleschote und dem Mark in einem Topf bei schwacher Hitze aufkochen und etwa 8 Minuten köcheln lassen.

2 Die Gelatine in kaltem Wasser einweichen. Den Topf mit der Vanillesahne vom Herd nehmen und die Vanilleschote daraus entfernen. Die Gelatine gut ausdrücken und unter Rühren in der heißen Vanillesahne auflösen.

3 Die Vanillesahne auf vier kleine Förmchen oder Tassen verteilen und im Kühlschrank zugedeckt 6 Stunden fest werden lassen.

4 Die Himbeeren verlesen, kurz abbrausen und trocken tupfen, einige schöne Exemplare für die Deko beiseitelegen. Den Rest mit dem Stabmixer fein pürieren und durch ein Sieb streichen. Zum Servieren die Förmchen in heißes Wasser tauchen, die Panna cotta mit einem spitzen Messer vorsichtig vom Rand lösen und auf Dessertteller stürzen. Mit der Sauce und den Himbeeren anrichten.

Mandelcreme
mit roten Beeren

Zutaten

Für die Creme:

½ l Milch

250 g gemahlene Mandeln

ca. 450 g Sahne

3 Blatt weiße Gelatine

4 Eigelb

100 g Zucker

Außerdem:

400 g gemischte Beeren

(Erd-, Him- und Johannisbeeren)

Zubereitung

FÜR 6 PERSONEN

1 Die Milch in einem Topf erhitzen. Die Mandeln in die heiße Milch rühren und etwa 10 Minuten ziehen lassen. Die Mandelmilch durch ein sauberes Küchentuch in einen Messbecher gießen und mithilfe des Tuchs aus der Mandelmasse die Flüssigkeit fest auspressen. So viel Sahne angießen (etwa 300 g), dass ½ l Mandelsahne entsteht. In einen Topf geben und erhitzen.

2 Die Gelatine in kaltem Wasser einweichen. Die Eigelbe und den Zucker in einer Schüssel im heißen Wasserbad schaumig schlagen.

3 Nach und nach die heiße Mandelsahne hinzufügen und die Masse unter kräftigem Rühren schaumig schlagen. Die Gelatine gut ausdrücken und in der warmen Creme auflösen. Die Mandelcreme zugedeckt kühl stellen, bis sie zu gelieren beginnt.

4 Die restliche Sahne (150 g) steif schlagen und kurz vor dem Gelieren unter die Creme heben. Die gemischten Beeren verlesen, waschen, putzen und je nach Größe klein schneiden. Die Mandelcreme auf Dessertschälchen verteilen, mit den Beeren und nach Belieben mit etwas geschlagener Sahne servieren.

Zabaione
mit Amaretti

Eine beschwipste Angelegenheit: Nach zartschmelzender Eiercreme mit Marsala und Makronen sind nicht nur Italiener süchtig

Zutaten

Für die Amaretti:
2 Eiweiß · Salz
150 g Zucker
1/2 TL Bittermandelaroma
abgeriebene Schale von
1/2 unbehandelten Zitrone
200 g geschälte gemahlene Mandeln

Für die Zabaione:
3 Eigelb
1 EL Puderzucker
Salz
60 ml Marsala (ital. Dessertwein)

Zubereitung

FÜR 2 PERSONEN

1 Für die Amaretti die Eiweiße mit 1 Prise Salz in einer Schüssel zu einem festen Schnee schlagen, dabei nach und nach den Zucker einrieseln lassen. So lange weiterschlagen, bis sich der Zucker aufgelöst hat.

2 Das Bittermandelaroma und die Zitronenschale unterrühren. Die Mandeln dazugeben und unterheben, sodass eine glatte Masse entsteht.

3 Den Backofen auf 150 °C vorheizen. Ein Backblech mit Backpapier auslegen. Mit einem Teelöffel haselnussgroße Portionen von der Mandelmasse abstechen und mit 2 cm Abstand als kleine Kugeln auf das Backblech setzen.

4 Die Mandelmakronen im vorgeheizten Ofen auf der mittleren Schiene 25 bis 30 Minuten hellbraun backen. Die Amaretti vom Backpapier lösen und abkühlen lassen. Nach Belieben mit Puderzucker bestäuben.

5 Für die Zabaione die Eigelbe mit dem Puderzucker, 1 Prise Salz und 1 EL Wasser in eine Schüssel geben und im heißen Wasserbad mit dem Handrührgerät oder dem Schneebesen schaumig schlagen. Nach und nach den Marsala dazugießen und so lange weiterschlagen, bis eine feste, schaumige Masse entstanden ist. Die Zabaione auf zwei große Espressotassen oder Gläser verteilen, noch heiß mit den Amaretti servieren.

Tipp

Wer es gern fruchtig mag, mariniert 250 g gewaschene, geputzte und klein geschnittene Erdbeeren mit 2 bis 3 EL Orangenlikör. Auf zwei Dessertschälchen verteilen und die Zabaione darübergeben.

Rhabarberparfait
mit Orangenkeksen

Vorhang auf für Rhabarber! Ob Parfait oder Kompott, das Frühlingsgemüse präsentiert sich hier als wahrer Verwandlungskünstler

Zutaten

Für das Parfait:
1 kg Rhabarber
400 g Zucker
Mark von 2 Vanilleschoten
15 g Speisestärke
200 g Butter
5 Eigelb
6 cl Orangenlikör
(z. B. Grand Marnier)
200 g Sahne

Für die Kekse:
90 g Butter
60 g Zucker
50 g Glukosesirup
(aus der Konditorei)
abgeriebene Schale von
2 unbehandelten Orangen
60 g Mehl

Zubereitung

FÜR 4–6 PERSONEN

1 Für das Parfait den Rhabarber putzen, schälen und klein schneiden. Mit dem Zucker und dem Vanillemark in einem Topf mischen und zugedeckt 30 Minuten ziehen lassen. Anschließend erhitzen und 6 Minuten köcheln lassen.

2 Eine Hälfte des Rhabarbers herausnehmen und in eine Schüssel geben. Sofort die Stärke unterrühren und das Kompott damit leicht binden. Abkühlen lassen und zugedeckt kühl stellen.

3 Die andere Hälfte des Rhabarbers mit der Garflüssigkeit auf 400 ml einkochen lassen und mit dem Stabmixer pürieren. Die Masse mit der Butter, den Eigelben und dem Orangenlikör nochmals 5 Minuten pürieren und vollständig abkühlen lassen.

4 Die kalte Rhabarber-Butter-Masse mit dem Handrührgerät schaumig schlagen. Die Sahne steif schlagen und unter das Rhabarberpüree heben. Die Rhabarberparfaitmasse auf gefrierfeste Tassen oder kleine Förmchen verteilen und mindestens 6 Stunden (am besten über Nacht) im Tiefkühlfach gefrieren lassen.

5 Den Backofen auf 180 °C vorheizen. Ein Backblech mit Backpapier auslegen. Für die Kekse alle Zutaten bis auf das Mehl in einen Topf geben und aufkochen lassen. Dann das Mehl auf einmal dazugeben und unterrühren. Die Masse etwas abkühlen lassen. Haselnussgroße Kugeln daraus formen und im Abstand von 10 cm auf das Blech setzen. Im vorgeheizten Ofen auf der mittleren Schiene etwa 8 Minuten zu flachen, goldbraunen Orangenkeksen backen.

6 Das Parfait in den Tassen oder Förmchen servieren und mit dem Rhabarberkompott und den Orangenkeksen anrichten.

Ananassorbet
mit Ananaschips

Grüße aus dem sonnigen Süden: Die Königin der Tropenfrüchte kommt hier im Doppelpack als kühles Sorbet mit knusprigen Chips auf den Tisch

Zutaten

300 g Zucker
1 große reife Ananas
(ca. 1 1/2 kg)
1 EL Amaretto
(ital. Mandellikör)
Saft von 1 Zitrone
Puderzucker zum Bestäuben

Zubereitung

FÜR 2–3 PERSONEN

1 Am Vortag 200 g Zucker mit 200 ml Wasser in einem Topf sirupartig einkochen und abkühlen lassen. Die Ananas putzen, schälen und aus der Mitte mit einem großen Messer 6 oder 9 etwa 1 cm dicke Scheiben herausschneiden, den Strunk in der Mitte entfernen. Die Ananasscheiben im Zuckersirup zugedeckt über Nacht durchziehen lassen.

2 Von der restlichen Ananas den Strunk entfernen und das Fruchtfleisch in kleine Würfel schneiden. Mit dem übrigen Zucker, dem Amaretto und dem Zitronensaft mischen und mit dem Stabmixer pürieren.

3 Die Ananasmasse in eine flache Metallschüssel füllen und mindestens 4 Stunden im Tiefkühlfach gefrieren lassen. Zwischendurch öfter herausnehmen und mit einer Gabel durchrühren, damit das Sorbet schön locker wird.

4 Den Backofen auf 130 °C vorheizen. Die eingelegten Ananasscheiben gut abtropfen lassen, auf Backpapier legen und im vorgeheizten Ofen auf dem Ofengitter etwa 1 1/2 Stunden trocknen. Herausnehmen, auf dem Kuchengitter abkühlen lassen.

5 Zum Servieren je 2 bis 3 Ananaschips abwechselnd mit etwas Sorbet zu Türmchen schichten und mit Puderzucker bestäuben. Nach Belieben mit Minze garniert servieren.

Tipp

Reife Ananas erkennt man daran, dass sich die Blätter leicht auszupfen lassen. Das Fruchtfleisch sollte von intensiv gelber Farbe sein, aromatisch duften und auf Fingerdruck leicht nachgeben.

Champagnersorbet
mit Rosenwasser

Zutaten

1 Zitrone

130 g Zucker

2 EL Himbeergeist

2 TL Rosenwasser

(aus der Apotheke)

1/2 l Champagner

Zubereitung

FÜR 4 PERSONEN

1 Die Zitrone halbieren und den Saft auspressen. Den Zucker mit 240 ml Wasser in einem Topf aufkochen und sirupartig einkochen lassen. Vom Herd nehmen, den Zitronensaft durch ein Sieb dazugießen und unterrühren. Den Zuckersirup abkühlen lassen.

2 Den Himbeergeist, das Rosenwasser und den Champagner unter den Zuckersirup rühren.

3 Die Sorbetmasse in eine flache Metallschüssel füllen und im Tiefkühlfach mindestens 5 Stunden gefrieren lassen. Zwischendurch öfter herausnehmen und mit einer Gabel durchrühren, damit das Sorbet schön locker wird.

4 Zum Servieren das Champagnersorbet auf dekorative Gläser verteilen und nach Belieben mit Mürbegebäck und Blüten garnieren.

Geeiste Kardamomcreme
mit Sauerkirschen

Zutaten

100 ml Apfelsaft
75 g Zucker
5 Kardamomkapseln
3 Eigelb
1 EL Crème fraîche
1 Eiweiß
150 g Sauerkirschen
(entsteint; aus dem Glas)
Mark von 1/2 Vanilleschote
200 ml Milch
Kakaopulver zum Bestäuben

Zubereitung

FÜR 2–4 PERSONEN

1 Den Apfelsaft mit 60 g Zucker aufkochen. Die Kardamomkapseln andrücken und dazugeben. Vom Herd nehmen und zugedeckt 10 Minuten ziehen lassen. Den Apfelsaft durch ein feines Sieb gießen und kurz abkühlen lassen.

2 Den Kardamom-Apfelsaft mit den Eigelben im heißen Wasserbad schaumig schlagen. Die Crème fraîche unterrühren und die Creme im kalten Wasserbad kurz weiterschlagen. Das Eiweiß mit 1 TL Zucker steif schlagen und vorsichtig unter die Kardamommasse heben.

3 Auf gefrierfeste Tassen verteilen und mindestens 2 Stunden ins Tiefkühlfach stellen.

4 Die Kirschen auf einem Sieb abtropfen lassen, dabei den Saft auffangen. 3 EL Kirschsaft mit 1 TL Zucker und dem Vanillemark aufkochen, die Kirschen dazugeben und einkochen lassen, bis eine Glasur um die Kirschen entsteht.

5 Die Milch mit 1 TL Zucker erwärmen und mit dem Stabmixer aufschäumen. Die warmen Kirschen auf die geeiste Kardamommasse geben, mit dem Milchschaum garnieren und mit etwas Kakaopulver bestäubt servieren.

Erdbeergranité
mit Vanillesahne

Zum Dahinschmelzen: Das erfrischende Erdbeergranité zergeht im Zusammenspiel mit der Vanillesahne herrlich auf der Zunge

Zutaten

300 g Erdbeeren

3 EL Puderzucker

4 EL Weißwein

200 g Sahne

2 Päckchen Vanillezucker

Zubereitung

FÜR 4 PERSONEN

1 Die Erdbeeren waschen, putzen und trocken tupfen, 4 schöne Exemplare für die Deko beiseitelegen. Die Beeren in einem hohen Rührbecher mit dem Puderzucker und dem Weißwein mischen und mit dem Stabmixer pürieren. Das Erdbeerpüree durch ein Sieb streichen.

2 Das Erdbeermark in einen Gefrierbeutel füllen und etwas flach drücken. Den Beutel gut verschließen und das Erdbeermark im Tiefkühlfach 2 Stunden durchfrieren lassen.

3 Kurz vor dem Servieren die Sahne mit dem Vanillezucker verrühren und mit dem Schneebesen oder dem Handrührgerät halb steif schlagen. Die Vanillesahne auf vier Dessertschälchen oder Gläser verteilen.

4 Das gefrorene Erdbeermark aus dem Tiefkühlfach nehmen und mit dem Plattiereisen oder dem Nudelholz zerkleinern. Das Erdbeergranité auf die Vanillesahne geben, mit den beiseitegelegten Beeren garnieren und sofort servieren.

Tipp

Das Granité lässt sich aus vielen Früchten zubereiten, z. B. aus Himbeeren, Johannisbeeren oder Stachelbeeren. Je nach Säuregehalt der Früchte sollten Sie die Zuckermenge variieren.

Heidelbeereis
mit Cassislikör

Zutaten

2 Blatt weiße Gelatine

500 g Naturjoghurt

250 g Zucker

1 Päckchen Vanillezucker

1 Eiweiß

3 EL Kokoslikör

(z. B. Batida de Coco)

400 g Heidelbeeren

3 EL Crème de Cassis

(schwarzer Johannisbeerlikör)

Saft von 1 Zitrone

Zubereitung

FÜR 8–10 PERSONEN

1 Die Gelatine in kaltem Wasser einweichen. Den Joghurt mit der Hälfte des Zuckers und dem Vanillezucker in einer Schüssel mit dem Schneebesen schaumig schlagen. Das Eiweiß zu einem festen Schnee schlagen.

2 Die Gelatine ausdrücken, mit dem Kokoslikör in einem kleinen Topf erhitzen und auflösen. Unter die Joghurtmasse rühren, den Eischnee ebenfalls unterheben. Die Masse in eine flache Metallschüssel füllen und im Tiefkühlfach leicht anfrieren lassen, dabei gelegentlich umrühren.

3 Die Heidelbeeren verlesen, waschen und abtropfen lassen. Die Beeren mit dem Stabmixer pürieren und durch ein Sieb streichen. Das Heidelbeermark mit dem restlichen Zucker, dem Cassislikör und dem Zitronensaft verrühren und mit dem Schneebesen schaumig schlagen.

4 Das angefrorene Joghurteis herausnehmen, das Heidelbeermark hinzufügen und gut unterrühren. Das Heidelbeereis auf gefrierfeste Gläser oder Schälchen verteilen. Im Tiefkühlfach mindestens 3 Stunden gefrieren lassen.

Himbeer-Joghurt-Eis
mit buntem Puffreis

Zutaten

100 g Himbeeren
2 Bananen
200 g Naturjoghurt
1 Päckchen Vanillezucker
1 TL Honig
200 g Sahne
50 g bunter Puffreis

Zubereitung

FÜR 6–8 STÜCK

1 Die Himbeeren verlesen, kurz abbrausen und trocken tupfen. Die Bananen schälen und klein schneiden. Die Himbeeren mit den Bananen, dem Joghurt, dem Vanillezucker und dem Honig in einen hohen Rührbecher geben und mit dem Stabmixer pürieren.

2 Die Sahne steif schlagen und locker mit dem Schneebesen unter die Himbeer-Joghurt-Masse heben. Zuletzt den Puffreis unterheben.

3 Die Himbeer-Joghurt-Masse auf Eisförmchen verteilen und in jede Portion einen Holzstiel stecken. Das Himbeer-Joghurt-Eis im Tiefkühlfach mindestens 4 Stunden gefrieren lassen.

Desserts aus Pfanne & Ofen

Biskuittürmchen
mit Sahne und Apfelgelee

Süße Hochstapelei: Es wird Ihnen bestimmt niemand übel nehmen, wenn Sie bei diesem raffinierten Dessert etwas zu dick auftragen

Zutaten

1 grüner Apfel
160 g Zucker
150 g Sahne
2 cl Calvados
(franz. Apfelbranntwein)
16 dünne Biskuitplätzchen
(Fertigprodukt;
ca. 6 cm Durchmesser)
4 TL Apfelgelee

Zubereitung

FÜR 4 PERSONEN

1 Den Apfel waschen, trocken reiben und längs in möglichst dünne Scheiben schneiden oder hobeln. In einem kleinen Topf 150 g Zucker mit 100 ml Wasser sirupartig einkochen lassen. Die Apfelscheiben im Zuckersirup einige Minuten ziehen lassen. Den Backofen auf 120 °C vorheizen.

2 Ein Backblech mit Backpapier auslegen und die abgetropften Apfelscheiben darauflegen. Im vorgeheizten Ofen auf der mittleren Schiene 1 bis 1½ Stunden trocknen lassen. Die Apfelscheiben herausnehmen und etwas abkühlen lassen.

3 Die Sahne mit dem Calvados und dem restlichen Zucker steif schlagen. Auf die Hälfte der Plätzchen etwas Calvadossahne geben. 4 Plätzchen mit dem Gelee bestreichen und ebenfalls etwas Sahne darauf verteilen. Die Plätzchen zu Türmchen schichten: Dafür jeweils ein mit Gelee bestrichenes Plätzchen auf ein Sahneplätzchen setzen, ein Sahneplätzchen daraufgeben und die Türmchen mit den restlichen Plätzchen abdecken. Die übrige Calvadossahne auf den Türmchen verteilen.

4 Die Biskuittürmchen mit den getrockneten süßen Apfelscheiben und nach Belieben mit Minze garnieren, die restlichen Apfelscheiben dazu servieren.

Tipp

Wer die Biskuittürmchen besonders dekorativ anrichten möchte, kann die Plätzchen nach Belieben mit zarten Mustern aus geschmolzener Zartbitterschokolade oder dunkler Kuvertüre verzieren.

Biskuitomeletts
mit Orangensahne

Überraschung für den Gaumen: In lockerem Biskuitteig eingeschlagen, hält sich eine herrlich fruchtige Sahnefüllung versteckt

Zutaten

Für die Omeletts:

4 Eiweiß

1 EL Zitronensaft

2 Eigelb

abgeriebene Schale von

1/2 unbehandelten Zitrone

1 EL Vanillezucker

6 EL Zucker

4 EL Mehl

Für die Sahne:

150 g Sahne

4 EL Puderzucker

4 EL Schmand

2 Orangen

2 EL Orangenlikör

(z. B. Grand Marnier)

Zubereitung

FÜR 4 PERSONEN

1 Den Backofen auf 200 °C vorheizen. Für die Omeletts zwei Backbleche mit Backpapier auslegen, dabei auf der Unterseite des Papiers je zwei Kreise mit 15 cm Durchmesser markieren. Die Eiweiße mit dem Zitronensaft zu einem festen Schnee schlagen. Die Eigelbe in einer Schüssel mit der Zitronenschale, dem Vanillezucker und dem Zucker mit dem Schneebesen schaumig schlagen.

2 Erst das Mehl, dann den Eischnee vorsichtig unter die Eigelbmasse heben. Den Biskuitteig nach Vorlage kreisförmig auf das Backpapier streichen und im vorgeheizten Ofen auf der mittleren Schiene etwa 6 Minuten goldbraun backen.

3 Die Sahne mit 2 EL Puderzucker steif schlagen und unter den Schmand heben. Die Orangen mit einem scharfen Messer so schälen, dass auch die weiße Haut mit entfernt wird. Die Fruchtfilets aus den Trennhäuten schneiden und mit dem Orangenlikör beträufeln.

4 Die Biskuits nur kurz abkühlen lassen und auf einer Hälfte mit der Sahnemasse bestreichen, die Orangenfilets darauf verteilen. Die Omeletts vorsichtig zuammenklappen und mit dem restlichen Puderzucker bestäuben. Nach Belieben mit Zitronenmelisse garnieren.

Tipp

Bei der Füllung der Biskuitomeletts können Sie Ihrer Fantasie freien Lauf lassen: Ob mit verschiedenen Marmeladen und Konfitüren, Apfelmus, Preiselbeeren oder Sauerkirschen – sie schmecken immer gut.

Apfelkücherl

mit Aprikosenkonfitüre

Zutaten

200 g Aprikosenkonfitüre

2 EL brauner Rum

3 säuerliche Äpfel

1 TL Zitronensaft

125 g Mehl

1 Ei

1/8 l helles Bier

1 EL weiche Butter

Salz

1 1/2 l Öl zum Ausbacken

Zucker zum Wälzen und Bestreuen

Zubereitung

FÜR 4 PERSONEN

1 Die Aprikosenkonfitüre mit 1 EL Rum verrühren. Die Äpfel schälen und mit einem Apfelausstecher die Kerngehäuse entfernen. Das Fruchtfleisch quer in etwa 1 cm dicke Ringe schneiden und sofort mit dem Zitronensaft und dem restlichen Rum beträufeln.

2 Das Mehl in einer Schüssel mit dem Ei glatt rühren. Dann das Bier, die Butter und 1 Prise Salz unterrühren.

3 Das Öl in einem weiten Topf oder einer tiefen Pfanne erhitzen (es ist heiß genug, wenn an einem hineingehaltenen Holzlöffel kleine Bläschen aufsteigen).

4 Die Apfelringe in Zucker wälzen, mit einer Gabel in den Bierteig tauchen und im heißen Öl etwa 1 Minute backen. Die Ringe wenden und die zweite Seite ebenfalls etwa 1 Minute knusprig und goldbraun backen. Auf Küchenpapier abtropfen lassen, mit Zucker bestreuen und mit der Aprikosenkonfitüre servieren.

Blätterteigtaschen
mit Himbeereis und Sauce

Zutaten

200 g Tiefkühl-Blätterteig
400 g Himbeeren
1 EL Kirschwasser
1 EL Zitronensaft
2 EL Zucker
2 TL Speisestärke
8 Kugeln Himbeereis (Fertigprodukt)

Zubereitung

FÜR 4 PERSONEN

1 Die Blätterteigplatten auf der Arbeitsfläche nebeneinander auftauen lassen. Den Backofen auf 220 °C vorheizen. Die Blätterteigplatten aufeinanderlegen, mit dem Nudelholz etwas ausrollen und in 4 gleich große Quadrate schneiden.

2 Die Quadrate auf ein mit Backpapier ausgelegtes Backblech legen und im vorgeheizten Ofen auf der mittleren Schiene etwa 15 Minuten backen. Herausnehmen, abkühlen lassen und quer in Ober- und Unterhälfte teilen.

3 Die Himbeeren verlesen, kurz abbrausen und mit Kirschwasser, Zitronensaft, Zucker und etwa 80 ml Wasser aufkochen. Die Himbeeren durch ein Sieb streichen und wieder in den Topf geben. Die Stärke mit wenig Wasser anrühren und zur Himbeersauce geben. Nochmals aufkochen, mit der Stärke binden und abkühlen lassen.

4 Auf die untere Hälfte der Blätterteigschnitten jeweils etwas Sauce und 2 Kugeln Himbeereis geben und die oberen Blätterteighälften als Deckel daraufsetzen. Nach Belieben mit Puderzucker bestäubt servieren.

Birnen im Schlafrock
mit Marzipan und Sahne

Erfreut nicht nur Kinderherzen: Auch bei anspruchsvollen Gästen zaubert dieses wunderbare Winterdessert ein Leuchten in die Augen

Zutaten

8 Platten Tiefkühl-Blätterteig
2 Birnen (nicht zu groß)
2 EL Zitronensaft
50 g gehackte Mandeln
50 g Marzipanrohmasse
2–3 EL Puderzucker
150 g Sahne

Zubereitung

FÜR 4 PERSONEN

1 Die Blätterteigplatten auf der Arbeitsfläche nebeneinander auftauen lassen. Die Birnen halbieren, schälen und die Kerngehäuse entfernen. Das Fruchtfleisch sofort mit dem Zitronensaft beträufeln.

2 Auf 4 Blätterteigplatten je 1 Birnenhälfte mit der Schnittfläche nach unten legen, falls nötig, den Blätterteig mit dem Nudelholz etwas ausrollen. Den Teig mit einem scharfen Messer in Birnenform ausschneiden, dabei einen 2 cm breiten Rand stehen lassen. Die Birnenhälften auf die restlichen 4 Teigplatten setzen und den Teig wie oben beschrieben schneiden. Anschließend ohne Rand genau um die Birne herumschneiden, sodass ein 2 cm breiter Ring und ein Deckel in Birnenform entstehen.

3 Die Teigringe jeweils auf die ersten großen birnenförmigen Teigplatten legen und leicht andrücken. Die Teigdeckel mit der von der Birne angefeuchteten Seite in die Mandeln drücken.

4 Den Backofen auf 200 °C vorheizen. Das Marzipan in kleine Würfel schneiden und mit den restlichen Mandeln verkneten. Die Birnenhälften mit der Marzipanmasse füllen. Die Birnen in die Blätterteigschiffchen setzen, den Teigdeckel mit der Mandelseite nach innen aufsetzen und etwas andrücken. Die Birnen im Schlafrock im vorgeheizten Ofen auf der mittleren Schiene 20 Minuten backen.

5 Die Birnen herausnehmen und dick mit Puderzucker bestäuben. Den Backofengrill einschalten, die Birnen wieder in den Ofen schieben und den Zucker unter dem Grill hellbraun karamellisieren. Die Sahne halb steif schlagen und zu den noch warmen Birnen im Schlafrock servieren.

Aprikosenknödel
mit Brösel und Kompott

Süßer Hüttenzauber: Nach einem Tag in der frischen Bergluft gibt es nichts Schöneres als ein paar saftige Knödel mit reichlich Kompott

Zutaten

1 kg kleine Aprikosen
12 Stück Würfelzucker
1 kg mehlig kochende, gegarte Kartoffeln (vom Vortag)
75 g Mehl
75 g Hartweizengrieß
1 Ei · Salz · Muskatnuss
Mehl für die Arbeitsfläche
6 EL Butter
Zucker und Zimtpulver
2 cl Aprikosenlikör
100 ml Apfelsaft
100 g Weißbrotbrösel
Zimtzucker zum Bestreuen

Zubereitung

FÜR 4 PERSONEN

1 Die Aprikosen waschen und trocken tupfen. 12 Aprikosen halb aufschneiden, den Stein entfernen und in jede Aprikose statt des Steins ein Stück Würfelzucker geben. Die restlichen Aprikosen vierteln, entsteinen und beiseitestellen.

2 Die Kartoffeln pellen und durch die Kartoffelpresse in eine Schüssel drücken. Mit dem Mehl, dem Grieß, dem Ei und je 1 Prise Salz und Muskatnuss zu einem glatten Teig verkneten. Den Kartoffelteig auf der bemehlten Arbeitsfläche zu einer Rolle formen und in 12 gleich große Scheiben schneiden.

3 Jede Teigscheibe etwas flach drücken, in die Mitte 1 Aprikose mit Würfelzucker geben und mit Teig umhüllen. Mit angefeuchteten Händen zu glatten Knödeln drehen. Die Knödel in einen Topf mit leicht gesalzenem, kochendem Wasser geben und bei schwacher Hitze etwa 20 Minuten garen.

4 In einer beschichteten Pfanne 1 EL Butter zerlassen und die Aprikosenviertel darin andünsten. Mit Zucker und etwas Zimt würzen, dann mit Aprikosenlikör und Apfelsaft ablöschen und das Kompott etwa 3 Minuten köcheln lassen. Vom Herd nehmen und lauwarm abkühlen lassen.

5 Die restliche Butter in einer beschichteten Pfanne zerlassen, die Weißbrotbrösel hinzufügen und unter Rühren goldbraun rösten. Die fertigen Aprikosenknödel mit dem Schaumlöffel aus dem Topf heben, abtropfen lassen und in den Butterbröseln wenden. Auf vorgewärmten Tellern mit dem Aprikosenkompott anrichten und mit Zimtzucker bestreut servieren.

Birnen-Feigen-Tartelettes
mit Mandelstreusel

Zutaten

Für den Mürbeteig:
je 125 g Süßrahmbutter und
Puderzucker · 1 Ei · 1 Eigelb
250 g Mehl · Butter für die Formen
Für die Füllung:
6 Birnen · 3 Feigen · 200 g Zucker
125 g Butter · 3 EL Zitronensaft
je 1 Msp. Zimtpulver, gemahlener
Ingwer und Kardamom
Für die Streusel:
150 g Süßrahmbutter
150 g Mehl · 150 g Zucker
75 g gemahlene Mandeln
75 g fein gehackte, gemischte
Nüsse (z. B. Hasel- und Walnüsse)

Zubereitung

FÜR 6–8 STÜCK

1 Butter und Puderzucker cremig rühren, Ei und Eigelb unterrühren. Das Mehl nur kurz unterkneten. Zugedeckt 1 Stunde kühl stellen.

2 Den Backofen auf 180 °C vorheizen. Sechs bis acht Tarteletteförmchen einfetten. Den Teig ausrollen und die Förmchen damit auskleiden. Im vorgeheizten Ofen 10 Minuten vorbacken. In den Förmchen auskühlen lassen.

3 Für die Füllung die Birnen vierteln, schälen, entkernen und in Spalten schneiden. Feigen waschen und achteln. Alle Zutaten für die Füllung in einer großen Pfanne unter Rühren aufkochen. Etwa 10 Minuten köcheln lassen, bis die Masse karamellisiert ist. Vom Herd nehmen, abkühlen lassen, dabei gelegentlich umrühren.

4 Für die Streusel die Butter in Stücken, Mehl und Zucker zu Streuseln verkneten. Dann die Mandeln und die Nüsse untermischen.

5 Die Füllung auf dem Teig in den Förmchen verteilen und die Streusel daraufgeben. Die Tartelettes im vorgeheizten Ofen auf der mittleren Schiene etwa 35 Minuten goldbraun backen.

Cranberry-Rosinen-Törtchen
mit Orangenlikör

Zutaten

Für den Mürbeteig:

150 g Mehl

1 EL Zucker · Salz · 1 Ei

75 g kalte Butter (in Stücken)

Für die Füllung:

150 g Rosinen

4 cl Orangenlikör

(z. B. Grand Marnier)

1 EL Zucker

150 g Cranberrys (gewaschen)

Außerdem:

Mehl für die Arbeitsfläche

Butter für die Formen

Zubereitung

FÜR 4 STÜCK

1 Für den Mürbeteig das Mehl mit dem Zucker und 1 Prise Salz mischen, auf die Arbeitsfläche häufen und in die Mitte eine Mulde drücken. Das Ei in die Mitte geben, die Butterstücke um das Ei herum verteilen und 1 bis 2 EL lauwarmes Wasser hinzufügen.

2 Alle Zutaten mit dem Messer gut durchhacken, sodass kleine Teigkrümel entstehen. Mit kalten Händen rasch zu einem Teig verkneten und zu einer Kugel formen. Den Teig in Frischhaltefolie wickeln und mindestens 1 Stunde kühl stellen.

3 Für die Füllung die Rosinen mit dem Orangenlikör mischen und etwa 20 Minuten ziehen lassen. Den Zucker mit 2 EL Wasser aufkochen, die Cranberrys dazugeben und 5 Minuten köcheln lassen. Die Rosinen mit den Cranberrys mischen. Den Backofen auf 180 °C vorheizen.

4 Den Teig auf der bemehlten Arbeitsfläche ausrollen und die eingefetteten Förmchen damit auskleiden. Die Törtchen im vorgeheizten Ofen auf der mittleren Schiene etwa 20 Minuten goldbraun backen. Herausnehmen und abkühlen lassen. Die Törtchen zum Servieren mit der Cranberry-Rosinen-Mischung füllen.

Tartelettes
mit Kirschen und Vanille

Einfach und doch raffiniert: Auch wenn das Menü noch so gut ist, wird so mancher dieses süße Ende kaum erwarten können

Zutaten

500 g dunkle Herzkirschen
2 cl Kirschwasser
Butter für die Formen
1 Vanilleschote
4 Eier
1 EL Puderzucker
Salz
1/8 l Milch
60 g Mehl

Zubereitung

FÜR 4 PERSONEN

1 Die Kirschen verlesen, waschen, trocken tupfen und entsteinen. Die Früchte in einer Schüssel mit dem Kirschwasser beträufeln und zugedeckt etwa 15 Minuten marinieren lassen. Den Backofen auf 220 °C vorheizen.

2 Vier Tarteletteformen einfetten und die marinierten Kirschen darin verteilen. Die Vanilleschote der Länge nach aufschneiden und das Mark herauskratzen. Die Eier in einer Schüssel mit dem Puderzucker, dem Vanillemark und 1 Prise Salz mit dem Handrührgerät schaumig schlagen. Die Milch unterrühren. Das Mehl über die Eiermilch sieben und unterheben.

3 Den Teig in die Förmchen mit den Kirschen gießen und die Tartelettes im vorgeheizten Ofen auf der mittleren Schiene 30 bis 35 Minuten backen. Die Tartelettes aus dem Ofen nehmen und vor dem Servieren nur kurz abkühlen lassen.

Tipp

Wenn Kinder mitessen, können Sie einfach auf das Marinieren der Kirschen verzichten. Wer mag, kann die Tartelettes mit goldbraun gerösteten Mandelblättchen oder Kokosraspeln bestreuen.

Scheiterhaufen
mit Zimt und Zucker

Aus Alt wird Neu: Apfelscheiben und Hefezopf in süßer Eiermilch, schmecken immer noch so herrlich wie zu Großmutters Zeiten

Zutaten

Für die Eiermilch:

1/4 l Milch · 250 g Sahne

6 Eier · 70 g Zucker

2 EL brauner Rum

Mark von 1/2 Vanilleschote

1 TL abgeriebene unbehandelte Zitronenschale

Für den Scheiterhaufen:

300 g Hefezopf (vom Vortag)

110 g Butter

Für die Apfelscheiben:

700 g Äpfel

3 EL Butter

2 EL Zimtzucker

2 EL Zitronensaft

Außerdem:

Öl für die Formen

4 EL Rumrosinen

Zubereitung

FÜR 4–6 PERSONEN

1 Für die Eiermilch alle Zutaten in einen großen, hohen Rührbecher geben, mit dem Stabmixer verrühren und durch ein feines Sieb gießen.

2 Für den Scheiterhaufen den Hefezopf in 1/2 cm dicke Scheiben schneiden. Die Butter portionsweise in einer Pfanne zerlassen und die Hefezopfscheiben darin nacheinander bei schwacher Hitze goldbraun braten, dabei die Pfanne immer wieder mit Küchenpapier trocken tupfen.

3 Für die Apfelscheiben die Äpfel schälen und mit einem Apfelausstecher die Kerngehäuse entfernen. Die Äpfel in 1/2 cm dicke Scheiben schneiden. Die Butter in einer Pfanne zerlassen und die Apfelscheiben darin mit Zimtzucker und Zitronensaft bei schwacher Hitze auf beiden Seiten 2 bis 3 Minuten braten.

4 Den Backofen auf 170 °C vorheizen. Die Hefezopfscheiben mit den Apfelscheiben und den Rumrosinen abwechselnd in ofenfeste Tassen oder Gläser schichten, dabei mit den Zopfscheiben beginnen und abschließen. Den Hefezopf, falls nötig, in passende Stücke brechen. Zwischendurch immer wieder etwas Eiermilch dazugießen.

5 Den Scheiterhaufen im vorgeheizten Ofen auf der mittleren Schiene etwa 1 Stunde backen. Herausnehmen und etwas abkühlen lassen. Den Scheiterhaufen in den Tassen servieren und nach Belieben gebratene Apfelringe dazu reichen.

Tipp

Sie können den Scheiterhaufen auch in eine eingeölte und mit Backpapier ausgelegte Kastenform schichten. Nach dem Backen aus der Form stürzen, in Scheiben schneiden und mit Vanillesauce servieren.

Erdbeerauflauf
mit Butterstreusel

Kulinarisches Versteckspiel: Freche Früchtchen verbergen sich gerne unter einer züchtigen Haube aus leckeren Streuseln

Zutaten

150 g Mehl

50 g Zucker

150 g Butter

700 g Erdbeeren

50 g Puderzucker

Saft von 1/2 Zitrone

Butter für die Formen

Zubereitung

FÜR 4 PERSONEN

1 Für die Streusel das Mehl, den Zucker und die Butter in einer Schüssel mit den Fingern zu Streuseln verkneten.

2 Die Erdbeeren waschen, putzen und trocken tupfen, große Früchte halbieren. Die Beeren in einer Schüssel mit dem Puderzucker bestäuben und den Zitronensaft darüberträufeln.

3 Alles vorsichtig mischen und die Beeren etwas marinieren lassen. Den Backofen auf 180 °C vorheizen. Vier ofenfeste Portions- oder Tarteletteförmchen einfetten.

4 Die marinierten Erdbeeren auf die Förmchen verteilen, die Butterstreusel darübergeben und im vorgeheizten Ofen auf der mittleren Schiene etwa 20 Minuten überbacken.

Tipp

Erdbeerauflauf schmeckt auch mit einer Gratinhaube: Dafür 2 Eiweiß mit 100 g Zucker sehr steif schlagen. 50 g gemahlene Mandeln unterheben. Auf die Beeren geben, bei 180 °C im Ofen 12 Minuten gratinieren.

Apfel-Zimt-Muffins

mit Buttermilch

Zutaten

Für die Muffins:

Butter für die Form

300 g Äpfel · 2 EL Zitronensaft

260 g Mehl · 2 1/2 TL Backpulver

1/2 TL Natron · 2 TL Zimtpulver

1 Ei · 130 g Zucker

1 Päckchen Vanillezucker

80 ml Öl · 250 g Buttermilch

Für die Streusel:

80 g Mehl · 80 g Zucker

80 g weiche Butter

1 TL Zimtpulver

Außerdem:

Puderzucker zum Bestäuben

Zubereitung

FÜR 12 STÜCK

1 Den Backofen auf 180 °C vorheizen. Für die Muffins die Vertiefungen einer Muffinform einfetten oder Papierförmchen hineinsetzen. Die Äpfel vierteln, schälen, entkernen und in kleine Stücke schneiden. Die Äpfel sofort mit dem Zitronensaft beträufeln. Mehl, Backpulver, Natron und Zimt in einer Schüssel mischen, die Apfelstücke unterrühren.

2 In einer zweiten Schüssel das Ei verquirlen, den Zucker, den Vanillezucker, das Öl und die Buttermilch dazugeben und gut verrühren.

3 Die Eiermasse mit der trockenen Apfel-Mehl-Mischung nur so lange verrühren, bis alle Zutaten feucht sind. Für die Streusel alle Zutaten mit den Händen zu Streuseln verkneten.

4 Den Teig maximal drei viertel hoch in die Vertiefungen der Muffinform füllen, mit Streuseln bestreuen und diese etwas andrücken. Die Muffins im vorgeheizten Ofen auf der mittleren Schiene 20 bis 25 Minuten goldbraun backen. Herausnehmen und etwa 5 Minuten ruhen lassen. Die Muffins aus der Form lösen, abkühlen lassen und mit Puderzucker bestäubt servieren.

Schokoladenküchlein
mit Orangenlikör

Zutaten

100 g Zartbitterschokolade
(gut gekühlt)
2 Eiweiß
40 g weiche Butter
3 EL Zucker
1 EL Akazienhonig
1/2 TL Vanillezucker
2 Eigelb
2 TL Orangenlikör
(z. B. Grand Marnier)
50 g geriebene Mandeln
Butter für die Formen
200 g Sahne
Kakaopulver zum Bestäuben

Zubereitung

FÜR 4 PERSONEN

1 Den Backofen auf 180 °C vorheizen. Die Schokolade raspeln. Die Eiweiße zu einem festen Schnee schlagen. Die Butter mit 2 EL Zucker in einer Schüssel mit dem Handrührgerät cremig schlagen. Honig, Vanillezucker, Eigelbe und Orangenlikör unterrühren und die Masse nochmals schaumig schlagen. Schokolade, Eischnee und Mandeln locker untermischen.

2 Vier hohe Förmchen einfetten, den Teig darauf verteilen, mit Alufolie abdecken und in ein tiefes Backblech stellen.

3 So viel heißes Wasser angießen, dass die Förmchen zur Hälfte darin stehen. Die Küchlein im vorgeheizten Ofen auf der mittleren Schiene 1 Stunde garen. Die Folie abnehmen und die Schokoladenküchlein etwas ruhen lassen.

4 Den Teig mit einem spitzen Messer vom Rand lösen, die Küchlein auf Dessertteller stürzen und abkühlen lassen. Zum Servieren die Sahne mit dem restlichen Zucker halb steif schlagen, seitlich über die Küchlein gießen und mit Kakaopulver bestäuben.

Rhabarbersoufflé
mit Wein und Orange

Immer schön locker bleiben: Dieser frühlingshaft leichte Luftikus aus dem Ofen ist erfrischend säuerlich und himmlisch süß zugleich

Zutaten

300 ml Milch
100 g Zucker
1 Päckchen Vanillezucker
abgeriebene Schale von
½ unbehandelten Orange
50 g Mehl · Salz
1 Stange Rhabarber
(ca. 200 g)
5 EL Weißwein
4 Eier
Butter und Paniermehl
für die Formen
Puderzucker zum Bestäuben

Zubereitung

FÜR 4 PERSONEN

1 Die Milch mit dem Zucker, dem Vanillezucker, der Orangenschale, dem Mehl und 1 Prise Salz in einem Topf gut verrühren. Bei schwacher Hitze unter Rühren erwärmen und einmal aufkochen lassen. Den Topf in ein kaltes Wasserbad mit Eiswürfeln stellen und die Soufflémasse abkühlen lassen, dabei gelegentlich umrühren.

2 Den Rhabarber putzen, schälen und in dünne Scheiben schneiden. Den Weißwein mit den Rhabarberscheiben in einem kleinen Topf aufkochen, vom Herd nehmen und abkühlen lassen. Den Rhabarber vorsichtig unter die Soufflémasse rühren.

3 Den Backofen auf 180 °C vorheizen. Die Eier trennen. Die Eigelbe nach und nach mit dem Schneebesen unter die Soufflémasse rühren. Die Eiweiße zu einem sehr festen Schnee schlagen und vorsichtig unterheben.

4 Vier Souffléförmchen mit kalter Butter einfetten und mit Paniermehl ausstreuen. Die Soufflémasse in die Förmchen füllen und im vorgeheizten Ofen auf der mittleren Schiene etwa 20 Minuten garen, dabei die Backofentür nicht öffnen. Die Rhabarbersoufflés aus dem Ofen nehmen, mit Puderzucker bestäuben und sofort in den Förmchen servieren.

Tipp

Wer keine speziellen Förmchen hat, kann die Soufflés in ofenfesten Tassen backen. Eine goldbraune Kruste bekommen die Soufflés, wenn man die Temperatur in den letzten 5 Minuten auf 200 °C erhöht.

Quarksoufflé
mit Pralinensauce

Da lohnt sich das Warten: Diese kleinen Türme werden zu wahren Gipfelstürmern, wenn man sie ganz in Ruhe und ungestört garen lässt

Zutaten

Für die Aprikosen:
300 g Aprikosen
50 g Zucker
50 ml weißer Portwein
Saft von 1 Zitrone

Für das Soufflé:
Butter und Zucker für die Formen
180 g Speisequark
3 Eigelb
je 1/2 TL abgeriebene unbehandelte Zitronen- und Orangenschale
4 Eiweiß
70 g Zucker

Für die Sauce:
100 ml Milch
100 g Sahne
150 g Nougatmasse

Zubereitung

FÜR 6 PERSONEN

1 Die Aprikosen waschen, halbieren und entsteinen. Den Zucker in einer beschichteten Pfanne goldbraun karamellisieren und mit Portwein und Zitronensaft ablöschen. Den Karamellfond mit den Aprikosen mischen und in einem Topf und bei schwacher Hitze 4 Minuten dünsten.

2 In einem großen Topf Wasser zum Kochen bringen. Sechs hohe Souffléförmchen mit kalter Butter einfetten und mit Zucker ausstreuen, anschließend kühl stellen.

3 Für das Soufflé Quark, Eigelbe, Zitronen- und Orangenschale in einer Schüssel mit dem Schneebesen gut verrühren. Die Eiweiße zu einem festen Schnee schlagen, dabei nach und nach den Zucker einrieseln lassen. Den Eischnee vorsichtig unter die Quarkmasse heben. Die Förmchen etwa zu zwei Dritteln mit der Soufflémasse füllen.

4 Die Förmchen nebeneinander in einen passenden Siebeinsatz setzen und in den Topf hängen. Die Soufflés mit aufgelegtem Topfdeckel 25 Minuten dämpfen, den Deckel während der gesamten Garzeit nicht abnehmen.

5 Für die Sauce die Milch und die Sahne in einem Topf erhitzen. Die Nougatmasse klein schneiden und unter Rühren in der heißen Sahnemilch schmelzen, dann abkühlen lassen.

6 Zum Servieren die Soufflés mit einem spitzen Messer vorsichtig vom Förmchenrand lösen, auf sechs Dessertteller stürzen und mit den Aprikosen und der Pralinensauce anrichten.

Vanilleäpfel
in Blätterteig

Zutaten

2 Platten Tiefkühl-Blätterteig

3 Vanilleschoten

500 g Zucker

4 säuerliche Äpfel

(à ca. 150 g; z.B. Boskop)

Mehl für die Arbeitsfläche

1 verquirltes Ei

Zubereitung

FÜR 4 PERSONEN

1 Den Blätterteig auf der Arbeitsfläche nebeneinander auftauen lassen. Die Vanilleschoten der Länge nach aufschneiden und in einem Topf mit dem Zucker und 1/2 l Wasser aufkochen.

2 Die Äpfel schälen und mit einem Apfelausstecher die Kerngehäuse entfernen. Die Äpfel in den Vanillesirup setzen und bei schwacher Hitze 10 Minuten garen, abkühlen lassen.

3 Den Backofen auf 180 °C vorheizen. Ein Backblech mit Backpapier auslegen.

4 Die Teigplatten halbieren und auf der leicht bemehlten Arbeitsfläche mit dem Nudelholz zu Quadraten à 15 x 15 cm ausrollen. Jeweils 1 Apfel in die Mitte setzen. Den Blätterteig wie einen Beutel um den Apfel legen und oben verschließen. Den Teig mit dem Ei bestreichen.

5 Die Äpfel auf das Backblech setzen und im vorgeheizten Ofen auf der mittleren Schiene etwa 35 Minuten goldbraun backen. Die Vanilleäpfel herausnehmen und nach Belieben mit Rosmarinzweigen, kleinen Beerenzweigen und Puderzucker garnieren. Sofort servieren.

Bratäpfel
mit Amaretti

Zutaten

6 große Äpfel (z. B. Boskop)
4 getrocknete Aprikosen
80 g Amaretti
(ital. Mandelkekse)
3 EL Rosinen
6 cl Aprikosengeist
30 g gehackte Mandeln
Butter für die Form
3 EL Butter
400 ml Weißwein

Zubereitung

FÜR 6 PERSONEN

1 Die Äpfel waschen und von jedem Apfel einen Deckel mitsamt Stiel abschneiden. Mit einem Apfelausstecher die Kerngehäuse entfernen. Das Fruchtfleisch mit einem Löffel herauslösen und klein schneiden. Die Äpfel kühl stellen.

2 Für die Füllung die Aprikosen in kleine Würfel schneiden. Die Amaretti in einer Schüssel zerbröseln. Die Aprikosen- und Apfelwürfel und die Rosinen hinzufügen und mit dem Aprikosengeist beträufeln. Die Masse etwa 30 Minuten ziehen lassen.

3 Den Backofen auf 200 °C vorheizen. Die Mandeln unter die Amarettifüllung mischen. Die ausgehöhlten Äpfel in eine große eingefettete Auflaufform setzen. Die Füllung mit einem kleinen Löffel in die Äpfel geben und mit Butterflocken belegen. Die Apfeldeckel daraufsetzen und die restliche Bratapfelfüllung um die Früchte herum verteilen.

4 Die Äpfel im vorgeheizten Ofen auf der mittleren Schiene 10 Minuten garen. Den Wein angießen und die Äpfel etwa 15 Minuten weitergaren. Die Bratäpfel aus dem Ofen nehmen und noch heiß nach Belieben mit Vanilleeis servieren.

Buchteln
auf Erdbeersauce

Heiß auf Süßes: Die böhmischen Hefeknödel auf feiner Erdbeersauce halten locker, was ihr betörender Duft aus dem Rohr verspricht

Zutaten

Für die Buchteln:

1/4 l Milch

75 g Butter

500 g Mehl

1 Päckchen Trockenhefe

1 Ei · 50 g Zucker

1 Päckchen Vanillezucker

1 TL abgeriebene unbehandelte Zitronenschale · Salz

Für die Sauce:

150 g Erdbeeren

1 EL Zucker

Außerdem:

Butter für die Form

Mehl für die Arbeitsfläche

50 g Butter zum Bestreichen

Puderzucker zum Bestäuben

Zubereitung

FÜR 4–6 PERSONEN

1 Für die Buchteln die Milch in einem Topf erwärmen und die Butter darin schmelzen lassen. Das Mehl in eine Schüssel sieben und mit der Trockenhefe mischen. Das Ei mit Zucker, Vanillezucker, Zitronenschale und 1 Prise Salz mit den Knethaken des Handrührgeräts unter die Mehlmischung rühren.

2 Nach und nach die lauwarm abgekühlte Butter-Milch-Mischung hinzufügen und weiterkneten, bis ein glatter Teig entstanden ist. Den Hefeteig an einem warmen Ort zugedeckt etwa 30 Minuten gehen lassen, bis er sein Volumen etwa verdoppelt hat.

3 Für die Sauce die Erdbeeren waschen, putzen und klein schneiden. Die Früchte mit dem Zucker und 1 EL Wasser in einem hohen Rührbecher mit dem Stabmixer pürieren. Eine Auflaufform einfetten und das Erdbeerpüree einfüllen.

4 Die Butter zerlassen. Den Teig auf der bemehlten Arbeitsfläche zu einer Rolle formen und in etwa 12 gleich große Portionen teilen. Die Teigportionen zu Kugeln drehen und mit der zerlassenen Butter bestreichen. Die Buchteln dicht nebeneinander in die Form auf die Erdbeersauce setzen. An einem warmen Ort zugedeckt nochmals 20 Minuten gehen lassen. Den Backofen auf 180 °C vorheizen.

5 Die Buchteln im vorgeheizten Ofen auf der mittleren Schiene 30 Minuten goldbraun backen. Herausnehmen, mit Puderzucker bestäuben und sofort servieren.

Tipp

Sie können die Buchteln auch mit Apfelstücken, Rumrosinen oder 1 TL Aprikosen- oder Zwetschgenkonfitüre füllen. Gut dazu passt auch eine Vanillesauce oder das Rhabarberkompott von Seite 14.

Kleine Naschereien

Biskuitschnitten mit Avocado und Melone

Der Aufwand lohnt sich: Mit diesen originellen süßen Biskuitschnitten ernten Sie von Ihren Gästen bestimmt jede Menge Komplimente

Zutaten

Für den Biskuitteig:

6 Eier

180 g Zucker

1 Päckchen Vanillezucker

120 g Mehl

80 g Speisestärke

Für die Füllung:

125 g Speisequark

1 EL Zucker

1 Päckchen Vanillezucker

Saft von 1/2 Zitrone

und 1 Orange

150 g Sahne

1 reife Avocado

300 g Wassermelone

(Fruchtfleisch ohne Kerne)

Außerdem:

Butter für die Form

Puderzucker zum Bestäuben

Zitronenmelisseblätter

Schokoladenstäbchen

Zubereitung

FÜR 8 STÜCK

1 Den Backofen auf 175 °C vorheizen. Den Boden einer Springform (26 cm Durchmesser) einfetten. Für den Biskuitteig die Eier trennen. Die Eigelbe mit der Hälfte des Zuckers und dem Vanillezucker in einer Schüssel mit dem Handrührgerät schaumig rühren. Das Mehl mit der Stärke auf die Eiermasse sieben und unterheben. Die Eiweiße zu einem festen Schnee schlagen, dabei nach und nach den restlichen Zucker einrieseln lassen. Den Eischnee ebenfalls unter die Eiermasse heben.

2 Den Teig in die Springform füllen, glatt streichen und im vorgeheizten Ofen auf der mittleren Schiene 25 bis 30 Minuten backen. Den Biskuitboden herausnehmen und etwas abkühlen lassen. Aus der Form lösen, auf ein Kuchengitter stürzen und mindestens 2 Stunden (am besten über Nacht) ruhen lassen. Dann den Biskuitboden zweimal waagerecht durchschneiden.

3 Für die Füllung den Quark mit dem Zucker, dem Vanillezucker, 1 EL Zitronen- und 2 EL Orangensaft glatt rühren. Die Sahne steif schlagen und unterheben. Die Avocado schälen und den Stein entfernen. Das Fruchtfleisch in dünne Scheiben schneiden und sofort mit dem restlichen Zitronensaft beträufeln. Das Melonenfruchtfleisch in dünne, dreieckige Scheiben schneiden.

4 Jede Biskuitschicht in 2 Streifen à 6 x 16 cm schneiden (restlichen Biskuit anderweitig verwenden). Die Streifen halbieren und diagonal zu Dreiecken schneiden. Die Biskuitecken – bis auf 8 Stück – mit etwas Orangensaft beträufeln. Auf die unbeträufelten Teigecken etwas Quarkcreme streichen, Avocado darauf verteilen und mit beträufelten Teigecken abdecken. Darauf wieder Quarkcreme streichen und mit Melone belegen. Die restlichen Ecken mit der beträufelten Seite nach unten daraufsetzen. Mit Puderzucker bestäuben und mit Zitronenmelisse und Schokostäbchen garnieren.

Brombeertörtchen mit Cassiscreme

Früchtchen mit Schuss: Diese Schiffchen können zwar nicht schwimmen, eignen sich aber bestens als feine Gaumenkitzler

Zutaten

2 EL Puderzucker
200 g Marzipanrohmasse
8 Mürbeteigschiffchen (Fertigprodukt; à ca. 10 cm Länge)
250 g Crème double
4 cl Crème de Cassis (schwarzer Johannisbeerlikör)
300 g Brombeeren
1 unbehandelte Limette

Zubereitung

FÜR 8 STÜCK

1 Einen Bogen Backpapier mit 1 TL Puderzucker bestäuben und das Marzipan darauf ausrollen. Das Marzipan in Größe der Mürbeteigschiffchen ausschneiden, in die Teigschiffchen legen und leicht andrücken.

2 Die Crème double mit 2 cl Crème de Cassis glatt rühren. Von der Cassiscreme etwa 3 EL abnehmen und für die Deko beiseitestellen. Den Rest auf dem Marzipan verstreichen und die Törtchen kühl stellen.

3 Die Brombeeren verlesen, kurz abbrausen und trocken tupfen. Die Früchte auf die Törtchen setzen. Mit dem restlichen Likör beträufeln und mit dem übrigen Puderzucker bestäuben.

4 Die beiseitegestellte Cassiscreme in einen Gefrierbeutel füllen, am unteren Ende eine kleine Ecke abschneiden und die Brombeertörtchen damit verzieren. Die Limette heiß waschen, trocken reiben und mit dem Sparschäler die Schale dünn abziehen. Die Limettenschale in feine Streifen schneiden und die Törtchen damit garnieren.

Tipp

Sie können die Mürbeteigschiffchen auch selbst herstellen. Bereiten Sie den Teig z. B. nach dem Rezept auf Seite 61 zu. Anschließend die Schiffchen wie in den Steps auf Seite 9 beschrieben formen.

Schokocremetörtchen
mit Pistazien

Zutaten

Für den Mürbeteig:

200 g Mehl · 100 g Butter

70 g Puderzucker · 1 Msp. Salz

1 Eigelb · 1 EL Milch

Butter für die Formen

Zum Auspinseln:

150 g geschmolzene dunkle Kuvertüre

Für die Creme:

250 g Sahne · 1 aufgeschlitzte Vanilleschote · 4 Eigelb

100 g Zucker · 250 g weiche Butter · 150 g gemahlene Pistazienkerne · 100 g geschmolzene dunkle Kuvertüre

Zubereitung

FÜR CA. 20 STÜCK

1 Alle Zutaten zu einem Mürbeteig verkneten und mindestens 1 Stunde kühl stellen. Backofen auf 200 °C vorheizen. Den Teig 3 bis 4 mm dick ausrollen, eingefettete Förmchen damit auskleiden und im Ofen 10 bis 15 Minuten vorbacken. Aus den Förmchen stürzen und abkühlen lassen. Die Teigschälchen mit der flüssigen Kuvertüre auspinseln, einige Stunden fest werden lassen.

2 Die Sahne zum Kochen bringen, die Vanilleschote hinzufügen, etwas darin ziehen lassen und wieder entfernen.

3 Eigelbe mit dem Zucker verrühren. Die heiße Vanillesahne unter kräftigem Rühren langsam dazugießen. Die Vanillecreme zurück in den Topf gießen und bei schwacher Hitze erwärmen, dabei ständig mit dem Teigschaber rühren. Die dickliche Creme durch ein Sieb streichen und lauwarm abkühlen lassen.

4 Butter in einer Schüssel 15 Minuten dickschaumig schlagen. Nach und nach die Vanillecreme unterrühren, Pistazien untermischen. Die flüssige Kuvertüre nicht ganz homogen einrühren. Die Creme mithilfe eines Spritzbeutels in die Teigschälchen füllen und gut abkühlen lassen.

Orangencremetörtchen
mit Orangenfilets

Zutaten

Für den Mürbeteig:

200 g Mehl · 100 g Butter

70 g Puderzucker · 1 Msp. Salz

1 Eigelb · 1 EL Milch

Für die Creme:

6 Blatt weiße Gelatine

3 Eier · 100 g Zucker

abgeriebene Schale und Saft von

1 unbehandelten Zitrone und

2 unbehandelten Orangen

300 g Sahnejoghurt · Salz

200 g geschlagene Sahne

Außerdem:

Orangenfilets von 3–4 Orangen

Zubereitung

FÜR CA. 15 STÜCK

1 Für den Mürbeteig alle Zutaten verkneten und 1 Stunde kühl stellen. Backofen auf 200 °C vorheizen. Den Teig 3 bis 4 mm dick ausrollen und in Quadrate à 7 x 7 cm schneiden. Teigquadrate vorsichtig in kleine runde Förmchen oder ofenfeste Tassen drücken, sodass die Spitzen oben herausschauen.

2 Den Teig auf dem Ofengitter im vorgeheizten Ofen auf der mittleren Schiene goldbraun backen. Die Törtchen herausnehmen und vollständig abkühlen lassen.

3 Für die Creme die Gelatine in kaltem Wasser einweichen. Eier trennen, Eigelbe mit dem Zucker verrühren. Zitrusschalen und -saft dazugeben und die Masse im heißen Wasserbad schaumig schlagen. Gelatine ausdrücken, in 3 EL heißer Creme auflösen und unter die restliche Creme rühren, etwas abkühlen lassen. Den Joghurt untermischen. Kühl stellen, bis die Masse zu gelieren beginnt. Die Eiweiße mit 1 Prise Salz zu einem festen Schnee schlagen. Mit der Sahne nach und nach unter die Orangencreme heben, 30 Minuten kühl stellen, dann in die Törtchen füllen. Mit den Orangenfilets sofort servieren.

Mandelräder
mit kandierten Zitronen

Jetzt geht's richtig rund: Wenn gezuckerte Zitronenscheiben auf Mandelplätzchen gebettet werden, kommt bei Süßmäulern helle Freude auf

Zutaten

150 g weiche Butter · 1 Ei
2 EL abgeriebene unbehandelte Zitronenschale
200 g gemahlene Mandeln
100 g Puderzucker
200 g Mehl
1 EL Zitronensaft
Mehl für die Arbeitsfläche
1 Eigelb
3–4 unbehandelte Zitronen
Zucker zum Bestreuen

Zubereitung

FÜR CA. 50 STÜCK

1 Die Butter mit dem Ei und der Zitronenschale in einer Schüssel mit dem Handrührgerät cremig rühren. Die Mandeln, den Puderzucker, das Mehl und den Zitronensaft unterrühren. Den Teig auf der bemehlten Arbeitsfläche zu 2 Rollen von 5 cm Durchmesser formen. Die Teigrollen in Frischhaltefolie wickeln und 3 Stunden kühl stellen.

2 Den Backofen auf 180 °C vorheizen. Ein Backblech mit Backpapier auslegen. Die Teigrollen aus dem Kühlschrank nehmen, in 4 mm dicke Scheiben schneiden und mit etwas Abstand auf das Blech setzen. Das Eigelb in einer kleinen Schüssel verquirlen und die Plätzchen damit bestreichen.

3 Die Zitronen heiß waschen und trocken reiben. In ebenso viele hauchdünne Scheiben hobeln, wie Plätzchen vorhanden sind. Die Plätzchen mit den Zitronenscheiben belegen und mit etwas Zucker bestreuen. Die Mandelräder im vorgeheizten Ofen auf der mittleren Schiene 12 bis 15 Minuten goldbraun backen. Abkühlen lassen und nach Belieben mit Puderzucker bestäuben.

Tipp

Besonders fein wird das Gebäck, wenn Sie geschälte gemahlene Mandeln verwenden. Mandeln gehören übrigens zum Steinobst und enthalten viele Mineralstoffe wie Eisen, Kalzium und Magnesium.

Windbeutel
mit Aprikosencreme

Gut gefüllt ist halb gewonnen: Eine sahnige Creme mit süßen Aprikosen kommt hier unter eine Haube aus luftig-lockerem Brandteig

Zutaten

Für die Creme:

1/2 Vanilleschote

1/8 l Milch

3 Blatt weiße Gelatine

2 Eigelb

50 g Zucker

5 Aprikosen

1 EL Zitronensaft

150 g Sahne

Für den Brandteig:

2 EL Butter · Salz

70 g Mehl · 2 Eier

1/2 Päckchen Vanillezucker

Puderzucker zum Bestäuben

Zubereitung

FÜR CA. 16 STÜCK

1 Für die Creme die Vanilleschote der Länge nach aufschneiden und das Mark herauskratzen. Die Milch mit der Vanilleschote und dem Mark in einem Topf aufkochen, vom Herd nehmen und die Schote entfernen. Die Gelatine in kaltem Wasser einweichen. Die Eigelbe und den Zucker in einer Schüssel mit dem Handrührgerät dickschaumig schlagen. Die Eiercreme zur Vanillemilch geben und unter Rühren erhitzen. Die Gelatine gut ausdrücken und in der heißen Creme auflösen.

2 Die Aprikosen waschen, halbieren und entsteinen. 2 Aprikosen beiseitelegen, die restlichen Früchte mit dem Stabmixer fein pürieren und durch ein Sieb streichen. Das Aprikosenpüree mit dem Zitronensaft unter die Vanillecreme rühren und die Creme kühl stellen, bis sie zu gelieren beginnt. Die Sahne steif schlagen und unter die Aprikosencreme heben. Im Kühlschrank fest werden lassen. Den Backofen auf 200 °C vorheizen. Ein Backblech mit Backpapier auslegen.

3 Für den Brandteig 1/8 l Wasser, die Butter und 1 Prise Salz in einem Topf aufkochen. Das Mehl auf einmal dazugeben und mit einem Kochlöffel rühren, bis sich ein Kloß bildet, der sich vom Topfboden löst. Den Brandteigkloß in einer Schüssel nach und nach mit den Eiern und dem Vanillezucker verrühren. Den Teig etwas abkühlen lassen. In einen Spritzbeutel mit großer Sterntülle füllen und rosettenartig auf das Backblech spritzen. Die Windbeutel im vorgeheizten Ofen auf der mittleren Schiene 30 Minuten goldbraun backen.

4 Die Windbeutel sofort nach dem Backen waagerecht aufschneiden und etwas abkühlen lassen. Die Aprikosencreme auf den unteren Hälften verteilen, die restlichen Aprikosen in dünne Spalten schneiden und auf die Creme geben. Die Deckel daraufsetzen und leicht andrücken. Die Windbeutel mit Puderzucker bestäuben und sofort servieren.

Schweineöhrchen
mit rosa Kuvertüre

Zutaten

300 g Tiefkühl-Blätterteig (aufgetaut)

3 EL zerlassene Butter

Mehl für die Arbeitsfläche

80 g Zucker

1 Päckchen Vanillezucker

150 g gehackte weiße Kuvertüre

rote Lebensmittelfarbe

Zubereitung

FÜR CA. 40 STÜCK

1 Die Blätterteigplatten, bis auf eine, mit zerlassener Butter einpinseln und aufeinanderlegen, mit der Platte ohne Butter abschließen. Den Blätterteig auf der leicht bemehlten Arbeitsfläche zu einem Quadrat von 30 x 30 cm ausrollen und mit etwas zerlassener Butter einpinseln. Zucker mit Vanillezucker mischen. Den Teig mit der Hälfte des Zuckers bestreuen und von zwei gegenüberliegenden Seiten her fest bis zur Mitte hin aufrollen. Teigrolle in Frischhaltefolie wickeln und 30 Minuten kühl stellen.

2 Den Backofen auf 200 °C vorheizen. Vom Teig etwa 5 mm dicke Scheiben abschneiden und jeweils mit einer Seite in den restlichen Zucker drücken. Mit der gezuckerten Seite nach oben auf ein mit Backpapier ausgelegtes Backblech legen. Im vorgeheizten Ofen 15 bis 20 Minuten backen. Herausnehmen und abkühlen lassen.

3 Die Kuvertüre im heißen Wasserbad unter Rühren schmelzen lassen. 3 bis 4 Tropfen Lebensmittelfarbe hinzufügen und so lange rühren, bis die Kuvertüre rosa ist. Die Schweineöhrchen mit den Enden etwas in die Kuvertüre tauchen und auf Backpapier trocknen lassen.

Puffreisherzen

mit Karamell

Zutaten

300 g Zucker

1 Packung Puffreis (250 g)

weiße und rote Lebensmittelfarbe und Zuckerherzen für die Deko

Zubereitung

FÜR CA. 10 STÜCK

1 Ein Drittel des Zuckers in einer beschichteten Pfanne bei schwacher Hitze unter Rühren schmelzen lassen. Den restlichen Zucker einrieseln und ebenfalls hell schmelzen lassen.

2 Den Puffreis nach und nach zu dem Karamell geben und unterrühren (es sollte nicht zu viel Puffreis sein, sonst halten die Herzen nicht!). Herzförmige Förmchen in Wasser tauchen und auf einen Bogen Backpapier stellen.

3 Die Puffreis-Karamell-Masse sofort in die Förmchen füllen und nicht ganz fest werden lassen. Aus den Formen lösen, Kunststoff- oder Holzstiele in die noch weichen Herzen stecken, die Puffreisherzen vollständig erstarren lassen.

4 Die Puffreisherzen gitterförmig mit der Lebensmittelfarbe verzieren und die Zuckerherzen daraufsetzen.

Sweet Sushi
mit Sesam-Honig-Dip

Süßes made in Japan: Ihre Gäste werden staunen, wie man aus buntem Marzipan und Früchten fernöstliches Fingerfood zaubern kann

Zutaten

Für die Sushi:

1 Stängel Zitronengras
1 Stück Ingwer (2 cm)
200 g Milchreis
400 ml Kokosmilch
50 g Palmzucker
2 Sternanis
100 g Marzipanrohmasse
grüne Lebensmittelfarbe
Puderzucker zum Ausrollen
je 1 Mango, Papaya und Kiwi

Für den Dip:

30 g Sesamsamen
100 g Honig
Saft von 2 Limetten

Zubereitung

FÜR 6–8 PERSONEN

1 Für die Sushi das Zitronengras putzen und waschen. Den Ingwer schälen und in Scheiben schneiden. Beides mit dem Milchreis, der Kokosmilch, dem Palmzucker und dem Sternanis in einem Topf bei schwacher Hitze 15 Minuten köcheln lassen. Den Reis noch etwa 15 Minuten mit einem Küchentuch bedeckt quellen lassen, dabei gelegentlich umrühren.

2 Zitronengras, Ingwer und Sternanis wieder entfernen. Den süßen Reis im Kühlschrank 30 Minuten abkühlen lassen.

3 Das Marzipan in kleine Würfel schneiden und mit paar Tropfen Lebensmittelfarbe verkneten. Mit Puderzucker bestäuben und zwischen zwei Lagen Frischhaltefolie 1 bis 1 1/2 mm dick ausrollen. Die Folie abziehen und das Marzipan in 1 cm breite Streifen schneiden.

4 Für den Dip die Sesamsamen in einer beschichteten Pfanne ohne Fett anrösten. Die Sesamsamen in einer Schüssel mit dem Honig und dem Limettensaft verrühren.

5 Für die Sushi den Reis in der Handfläche zu ovalen Rollen formen. Die Früchte schälen und in feine Scheiben schneiden. Die Sushirollen damit unterschiedlich belegen und mit je 1 Marzipanstreifen umwickeln.

6 Die Sushi auf Holzbrettchen oder japanischem Geschirr anrichten und den Sesam-Honig-Dip dazu servieren.

Tipp

Zitronengras ist ein Gewürz, das beim Zerreiben einen zitronenähnlichen Duft verströmt und diesen auch beim Kochen an die Speisen abgibt. Die Stängel sollten Sie vor dem Verzehr jedoch entfernen.

Petit Fours
mit Buttercreme

Kunstwerke zum Vernaschen: Um diese kleinen französischen Törtchen zuzubereiten, brauchen Sie nur ein wenig Fingerspitzengefühl

Zutaten

Für den Rührteig:

je 240 g weiche Butter und Zucker

6 Eier · 240 g Mehl

2 EL Kakaopulver

1/2 Päckchen Backpulver

Für die Füllung:

100 g weiche Butter

60 g Zucker

1 Päckchen Vanillezucker

1 EL brauner Rum

1 EL Kakaopulver

Für den Guss:

150 g Puderzucker

1 TL Zitronensaft

1 Eiweiß

Kokosraspel zum Wälzen

Zubereitung

FÜR CA. 30 STÜCK

1. Den Backofen auf 180 °C vorheizen. Ein Backblech mit Backpapier auslegen. Für den Rührteig die Butter und den Zucker in einer Schüssel mit dem Handrührgerät cremig rühren, dann nach und nach die Eier unterrühren. Das Mehl, den Kakao und das Backpulver darübersieben und unterrühren. Den Teig auf dem Backblech etwa 3 cm dick verteilen, glatt streichen und im vorgeheizten Ofen auf der mittleren Schiene 25 bis 30 Minuten backen. Herausnehmen und abkühlen lassen.
2. Für die Füllung die Butter mit dem Zucker und dem Vanillezucker in einer Schüssel mit dem Handrührgerät cremig rühren. Den Rum und den Kakao unterrühren.
3. Die Teigplatte vorsichtig auf einen Bogen Backpapier stürzen und das obere Papier abziehen. Den Blechkuchen waagerecht durchschneiden, beide Teigschichten aufeinander liegen lassen. Mit einem runden Ausstecher (6 cm Durchmesser) Teigkreise ausstechen.
4. Auf die unteren Hälften der Teigkreise die Buttercreme streichen und die oberen Hälften daraufsetzen.
5. Für den Guss den Puderzucker mit dem Zitronensaft und dem verquirlten Eiweiß in einer Schüssel zu einer dicklichen Masse verrühren. Die Küchlein mit dem Rand in Kokosraspeln wälzen und die Oberseite mit dem Guss überziehen. Die Petit Fours trocknen lassen.

Tipp

Wer die Petit Fours besonders hübsch verzieren möchte, malt mit lila Lebensmittelfarbe zwei konzentrische Kreise auf die noch weiche Glasur und zeichnet mit einem dünnen Holzstiel das Blütenmuster ein.

Marzipandatteln
mit Pistazien und Schokolade

Zutaten

80 g Pistazienkerne
350 g Marzipanrohmasse
80 ml Maraschinolikör
(ital. Kirschlikör)
40 getrocknete Datteln
(ohne Stein)
200 g gehackte dunkle Kuvertüre
Für die Deko:
10 Pistazienkerne
50 g gehackte weiße Kuvertüre
20 kandierte Veilchen
(aus dem Feinkostladen)
extrafeiner Zucker zum Bestreuen

Zubereitung

FÜR 40 STÜCK

1 Die Pistazien im Blitzhacker fein mahlen. Das Marzipan in kleine Würfel schneiden und mit Pistazien und Likör gut verkneten. Die Masse halbieren und eine Hälfte beiseitelegen. Die Datteln mit der Hälfte der Marzipanmasse füllen und leicht zusammendrücken.

2 Die dunkle Kuvertüre in einer Schüssel im heißen Wasserbad unter Rühren schmelzen lassen. Pistazien halbieren. Die Hälfte der Datteln mit einer Pralinengabel oder einem langen Holzspieß in die flüssige Kuvertüre tauchen und auf ein Kuchengitter setzen. Mit je 1 Pistazienhälfte belegen und den Kuvertüreüberzug etwa 2 Stunden trocknen lassen.

3 Die restliche Marzipanmasse in einen Spritzbeutel mit kleiner Sterntülle füllen. Die weiße Kuvertüre in einer Schüssel im heißen Wasserbad schmelzen. Kuvertüre in einen Gefrierbeutel füllen und am unteren Ende eine kleine Ecke abschneiden. Datteln ohne Überzug mit der Marzipanmasse und je einem Streifen weißer Kuvertüre verzieren. Je 1 kandiertes Veilchen daraufsetzen und mit extrafeinem Zucker bestreuen. Die Datteln kühl aufbewahren.

Schokoladenkonfekt

mit Cantucci und Amaretto

Zutaten

200 g Cantucci
(ital. Mandelgebäck)
2 EL Amaretto
(ital. Mandellikör)
200 g Pistazienkerne
250 g dunkle Kuvertüre
2 EL Sahne

Zubereitung

FÜR CA. 40 STÜCK

1 Am Vortag die Cantucci in grobe Stücke hacken. In einer Schüssel mit dem Amaretto beträufeln und zugedeckt 1 Stunde ziehen lassen.

2 Die Pistazien in einer beschichteten Pfanne ohne Fett anrösten. Die Kuvertüre grob hacken und in einer Schüssel im heißen Wasserbad unter Rühren schmelzen lassen. Die Sahne, die Cantuccistücke und die Pistazien unterrühren.

3 Eine rechteckige Form mit Backpapier auslegen, die Schokoladen-Pistazien-Masse darin verteilen und glatt streichen. Das Konfekt über Nacht fest werden lassen.

4 Das Schokoladenkonfekt mit einem scharfen Messer in kleine Würfel schneiden und kühl und trocken aufbewahren.

Duftrosentrüffel
mit Kokosraspel

Romantische Glücksmomente: Bei diesen Trüffeln aus weißer Schokolade mit einem Hauch von Rosenduft ist der siebte Himmel nicht mehr weit

Zutaten

100 g weiße Schokolade
2 TL Rosenwasser
(aus der Apotheke)
1 Eigelb
80 g weiche Butter
gemahlener Kardamom
und Zimtpulver
Kokosraspel zum Wälzen
Rote-Bete-Saft zum Färben

Zubereitung

FÜR 12 STÜCK

1 Die Schokolade fein hacken und mit dem Rosenwasser in einer Schüssel im warmen Wasserbad unter Rühren schmelzen lassen. Das Eigelb unterrühren und die Schokoladenmasse leicht abkühlen lassen.

2 Die Butter in einer Schüssel mit dem Handrührgerät cremig schlagen. Die Schokoladenmasse hinzufügen und gut mit der Butter verrühren. Die Trüffelmasse mit Kardamom und Zimt abschmecken und im Kühlschrank abkühlen lassen, bis sie sich mit den Händen formen lässt.

3 Die Kokosraspel auf einem Teller mit etwas Rote-Bete-Saft rosarot färben. Von der Schkoladenmasse kleine Portionen abnehmen und mit kalten Händen 12 Kugeln formen. Anschließend in den gefärbten Kokosraspeln drehen. Die Duftrosentrüffel kühl und luftdicht verschlossen aufbewahren und innerhalb von 2 Tagen verzehren.

Tipp

Wer mag, kann die Blütenblätter von 1 unbehandelten Rose mit verquirltem Eiweiß bestreichen, mit Zucker bestreuen und im Ofen bei 50 °C etwa 3 Stunden trocknen lassen. Mit den Trüffeln anrichten.

Marzipanherzen
mit Pistazien und Schokolade

Zutaten

Puderzucker für die Arbeitsfläche und zum Ausrollen
400 g Marzipanrohmasse
600 g dunkle Kuvertüre
100 g fein gehackte Pistazienkerne

Zubereitung

FÜR CA. 40 STÜCK

1 Die Arbeitsfläche mit Puderzucker bestäuben und die Marzipanrohmasse mit dem Nudelholz etwa 1 cm dick ausrollen. Zwischendurch auch das Nudelholz mit Puderzucker bestäuben.

2 Aus dem Marzipan mit einem Ausstecher Herzen ausstechen. Die restliche Marzipanmasse erneut verkneten, ausrollen und Herzen ausstechen. So weiterverfahren, bis das Marzipan verbraucht ist.

3 Die Kuvertüre grob hacken und in einer Schüssel im heißen Wasserbad schmelzen lassen. Die Marzipanherzen mit einer Pralinengabel in die Kuvertüre tauchen. Die überzogenen Herzen abtropfen und auf einem Kuchengitter oder Backpapier etwas trocknen lassen.

4 Die Pistazien auf den noch weichen Überzug streuen und die Kuvertüre vollständig trocknen lassen. Die Marzipanherzen kühl und luftdicht verschlossen aufbewahren.

Herzkirschen
mit Schokolade

Zutaten

500 g Herzkirschen (mit Stiel)

je 200 g weiße und dunkle Kuvertüre

Zubereitung

FÜR 4 PERSONEN

1 Die Kirschen verlesen und vorsichtig waschen, die Stiele dabei nicht entfernen. Die Früchte etwas abtropfen lassen und gut trocken tupfen.

2 Die beiden Kuvertüresorten getrennt grob hacken und in zwei Schüsseln im heißen Wasserbad unter Rühren schmelzen lassen.

3 Eine Hälfte der Kirschen am Stiel fassen und in die flüssige dunkle Kuvertüre tauchen. Den Schokoladenüberzug auf einem Kuchengitter oder Backpapier trocknen lassen.

4 Die andere Hälfte der Kirschen in die helle Kuvertüre tauchen und ebenfalls trocknen lassen. Die Schokoladenkirschen kühl und luftdicht verschlossen aufbewahren.

Himbeerpralinen mit Joghurtschokolade

Naschen erlaubt: Wenn Schokolade und süße Früchtchen zu einer Einheit verschmelzen, sind paradiesische Gaumenfreuden garantiert

Zutaten

himbeerrote Lebensmittelfarbe
etwas zerlassene Kakaobutter
200 g gehackte weiße Kuvertüre
250 g Zartbitterschokolade
50 g Vollmilchschokolade
30 g Glukosesirup (aus der Konditorei)
100 g Sahne
150 g pürierte Himbeeren
50 ml Johannisbeersaft
1 1/2 cl Himbeergeist
100 g Joghurtschokolade

Zubereitung

FÜR CA. 70 STÜCK

1 Am Vortag die Lebensmittelfarbe mit der Kakaobutter verrühren und auf 40 °C erwärmen. Eine Pralinenform mit Vertiefungen in Himbeerform damit auspinseln und die Kakaobutter fest werden lassen.

2 Die Kuvertüre in einer Schüssel im heißen Wasserbad schmelzen und leicht abkühlen lassen. Die Pralinenhohlkörper mit der flüssigen Kuvertüre ausgießen. Die Form vorsichtig umdrehen, damit die überschüssige Kuvertüre ablaufen kann, die Kuvertüre für später aufheben. Die Pralinenform wieder flach stellen und die Kuvertüre etwas fest werden lassen. Die Oberseite der Form mit dem Messer abkratzen, sodass nur die Wände der Hohlräume mit Kuvertüre überzogen sind.

3 Beide Schokoladensorten hacken, mit der Glukose in eine Schüssel geben. Sahne, Himbeerpüree und Johannisbeersaft in einem Topf aufkochen. Etwas Fruchtsahne in die Mitte der Schokolade gießen. Kurz warten, dann von der Mitte aus kreisförmig rühren. Wieder etwas Sahne dazugeben und von der Mitte aus rühren. So weiterverfahren, bis eine matt glänzende Creme entstanden ist. Auf 30 °C abkühlen lassen.

4 Den Himbeergeist hinzufügen und die Masse mit dem Stabmixer gut verrühren. Mithilfe eines Spritzbeutels mit dünner Lochtülle etwas Creme in die Hohlräume der Pralinenform spritzen. Jeweils 1 Stückchen Joghurtschokolade hineinsetzen und mit der restlichen Creme auffüllen. Über Nacht fest werden lassen.

5 Die restliche weiße Kuvertüre erneut im heißen Wasserbad schmelzen lassen, die Himbeerpralinen damit verschließen und glatt streichen. Die Form 6 Minuten ins Tiefkühlfach stellen. Die Pralinen aus der Form stürzen, kühl und luftdicht verschlossen aufbewahren.

Kuchen & Torten

Birnentarte
mit Himbeersauce

Eine süße Truppe: Eingerahmt in luftigen Blätterteig, kann bei dieser Tarte kein Früchtchen aus der Reihe tanzen

Zutaten

Für den Boden:

400 g Tiefkühl-Blätterteig

Mehl für die Arbeitsfläche

getrocknete Hülsenfrüchte zum Blindbacken

Für die Füllung:

5–6 kleine Birnen

1/4 l Weißwein

3 EL Zucker

1 Stück Zimtstange

2 Nelken

Für die Creme:

1 Päckchen Vanillepudding-pulver (ohne Kochen)

1/4 l Milch

Für die Sauce:

150 g Himbeeren

2 EL Zucker

Zubereitung

FÜR 4–6 PERSONEN

1 Den Backofen auf 200 °C vorheizen. Ein Backblech mit Backpapier auslegen. Für den Boden den Blätterteig auftauen lassen. Den Teig auf der bemehlten Arbeitsfläche mit dem Nudelholz ausrollen, ein großes Rechteck von 30 x 20 cm ausschneiden und auf das Backblech legen. Aus dem restlichen Teig eine dünne Rolle formen und als Rand auf den Teig legen.

2 Das Rechteck mit Backpapier auslegen und die Hülsenfrüchte darauf verteilen. Den Blätterteigboden im vorgeheizten Ofen auf der mittleren Schiene 25 bis 30 Minuten goldbraun backen. Herausnehmen, das Papier und die Hülsenfrüchte entfernen und den Boden abkühlen lassen.

3 Für die Füllung die Birnen halbieren, schälen und die Kerngehäuse entfernen, dabei die Stiele an den Früchten lassen. Den Weißwein, den Zucker, den Zimt und die Nelken in einem Topf kurz aufkochen lassen. Die Birnenhälften hinzufügen und bei mittlerer Hitze zugedeckt 7 bis 10 Minuten dünsten. Die Früchte mit dem Schaumlöffel herausheben und gut abtropfen lassen.

4 Für die Creme das Puddingpulver nach Packungsanweisung mit der Milch verrühren. Die Vanillecreme auf dem Blätterteigboden verteilen und die abgetropften Birnenhälften daraufsetzen. Die Birnentarte 1 Stunde kühl stellen.

5 Für die Sauce die Himbeeren verlesen, kurz abbrausen und trocken tupfen. Die Früchte mit dem Zucker in einem hohen Rührbecher mit dem Stabmixer fein pürieren. Das Püree durch ein Sieb streichen. Die Birnentarte herausnehmen, nach Belieben mit Puderzucker bestäuben und mit der Himbeersauce beträufeln. Die Tarte gut gekühlt servieren.

Feigentarte
mit Pinienkernen

Absolut herzerwärmend: Frische Früchte des Feigenbaumes werden in einem süßen Sahnebett heiß gegart und noch warm serviert

Zutaten

Für den Mürbeteig:

150 g Mehl

1 EL Zucker · Salz

1 Ei · 100 g kalte Butter (in Stücken)

Butter für die Form

Mehl für die Arbeitsfläche

Für die Füllung:

800 g Feigen

250 g Sahne

1 Ei · 2 EL Zucker

1 Päckchen Vanillezucker

100 g Pinienkerne

Zubereitung

FÜR 1 TARTEFORM (26 cm Ø)

1 Für den Mürbeteig das Mehl mit Zucker und 1 Prise Salz mischen, auf die Arbeitsfläche häufen und in die Mitte eine Mulde drücken. Das Ei in die Mitte geben, die Butterstücke um das Ei herum verteilen.

2 Alle Zutaten mit dem Messer gut durchhacken, sodass kleine Teigkrümel entstehen. Mit kalten Händen rasch zu einem Teig verkneten und zu einer Kugel formen. Den Teig in Frischhaltefolie wickeln und mindestens 1 Stunde kühl stellen.

3 Den Backofen auf 200 °C vorheizen. Die Tarteform einfetten. Den Teig auf der mit Mehl bestäubten Arbeitsfläche ausrollen. Die Form damit auskleiden, dabei einen Rand formen und den Boden mit einer Gabel ein paar Mal einstechen.

4 Für die Füllung die Feigen waschen, trocken tupfen und vierteln, mit den Spitzen nach oben auf den Teig in die Form setzen. Die Tarte mit den Feigen im vorgeheizten Ofen auf der mittleren Schiene 15 Minuten vorbacken.

5 Die Sahne mit dem Ei, dem Zucker und dem Vanillezucker in einer Schüssel verquirlen. Die Tarte aus dem Ofen nehmen, den Backofen nicht ausschalten. Die Sahne-Ei-Mischung auf die Feigen gießen, mit den Pinienkernen bestreuen und nochmals etwa 20 Minuten backen (der Guss sollte goldbraune Stellen haben!). Die Feigentarte etwas abkühlen lassen und noch lauwarm in Stücken servieren.

Tipp

Wer mag, kann die Pinienkerne auch durch gehackte Mandeln ersetzen. Zu der warmen Tarte passt als Beilage hervorragend 1 Kugel Vanilleeis, etwas Crème fraîche oder auch 1 bis 2 TL flüssiger Honig.

Charlottes
mit Erdbeercreme

Zutaten

1 kg Erdbeeren

12 Blatt weiße Gelatine

500 g Mascarpone

Saft von 1 Zitrone

4 cl Orangenlikör

(z. B. Grand Marnier)

4 cl brauner Tequila

50 g Zucker

ca. 40 Löffelbiskuits

Außerdem:

50 g dunkle Kuvertüre

Puderzucker zum Bestäuben

Zubereitung

FÜR 4 PERSONEN

1 Die Erdbeeren waschen, putzen und trocken tupfen, etwa 700 g Beeren pürieren. Die Gelatine in kaltem Wasser einweichen. Den Mascarpone mit Zitronensaft, Orangenlikör, Tequila, Zucker und dem Erdbeerpüree verrühren.

2 Die Gelatine tropfnass in einem kleinen Topf erhitzen und auflösen, etwas Erdbeercreme abnehmen und mit der Gelatine verrühren. Die Gelatinemasse unter die restliche Creme rühren. Die Erdbeercreme etwa 30 Minuten kühl stellen, bis die Masse zu gelieren beginnt.

3 Vier große Dessertschalen mit Frischhaltefolie auslegen und die Löffelbiskuits mit der Zuckerseite nach außen nebeneinander an den Rand stellen. Die Erdbeercreme einfüllen, glatt streichen und etwa 2 Stunden kühl stellen.

4 Die Charlottes vorsichtig auf Teller stürzen. Die Kuvertüre grob hacken und in einer Schüssel im heißen Wasserbad schmelzen lassen. Die flüssige Kuvertüre in einen Gefrierbeutel füllen und am unteren Ende eine Ecke abschneiden. Die Biskuits mit der Kuvertüre verzieren. Die Charlottes mit den restlichen Erdbeeren garnieren und mit Puderzucker bestäuben.

Erdbeertorte

mit Sahne und Mandeln

Zutaten

Für den Biskuitteig:

4 Eier · 175 g Butter

200 g Zucker

1 Päckchen Vanillezucker

je 125 g Mehl und Speisestärke

1 gestr. TL Backpulver

Für die Füllung:

2–3 EL Erdbeerkonfitüre

Außerdem:

Butter und Paniermehl

für die Form

4 EL Mandelblättchen

300 g Erdbeeren

300 g Sahne

Zubereitung

FÜR 1 HERZFORM (22 cm Länge)

1 Den Backofen auf 190 °C vorheizen. Die Herzform oder eine Springform (22 cm Durchmesser) einfetten und mit Paniermehl ausstreuen.

2 Für den Biskuitteig die Eier trennen. Die Butter in einer Schüssel cremig rühren, dabei den Zucker und den Vanillezucker einrieseln lassen. Die Eigelbe unterrühren. Mehl, Stärke und Backpulver über die Buttermasse sieben und unterrühren. Die Eiweiße zu einem festen Schnee schlagen und vorsichtig unter den Teig heben. Den Teig in der Form verteilen, glatt streichen.

3 Den Biskuit im vorgeheizten Ofen auf der mittleren Schiene 40 bis 50 Minuten backen. Herausnehmen, auf ein Kuchengitter stürzen und (am besten über Nacht) abkühlen lassen.

4 Den Biskuitboden waagerecht durchschneiden. Die Konfitüre glatt rühren, den unteren Boden damit bestreichen und die obere Teighälfte daraufsetzen. Die Mandeln in einer beschichteten Pfanne anrösten. Die Erdbeeren waschen, putzen und vierteln oder in Scheiben schneiden. Die Sahne steif schlagen. Die Torte mit Sahne, Erdbeeren und gerösteten Mandelblättchen garnieren und gut gekühlt servieren.

Maracujatartes
mit Nougatsahne

Mit einem Hauch Exotik: Diese herrlich erfrischenden Früchtetartes bringen zu jeder Jahreszeit Sommerlaune auf den Tisch

Zutaten

Für den Mürbeteig:
200 g Mehl
50 g gemahlene Mandeln
60 g Zucker · 1 Ei
125 g kalte Butter (in Stücken)
Butter und Mehl für die Formen
getrocknete Hülsenfrüchte zum Blindbacken

Für die Creme:
500 g Crème fraîche
250 g saure Sahne
100 g Zucker · 1 Ei · 1 Eigelb
20 g Vanillepuddingpulver
Mark von 1 Vanilleschote
abgeriebene Schale von 1 unbehandelten Zitrone

Für den Guss:
3 Blatt weiße Gelatine
150 ml Maracujasaft
50 g Zucker

Außerdem:
200 g Nougatmasse
100 g Sahne

Zubereitung

FÜR 2 TARTEFORMEN (à 18 cm Ø)

1 Für den Mürbeteig das Mehl mit den Mandeln und dem Zucker mischen, auf die Arbeitsfläche häufen und in die Mitte eine Mulde drücken. Das Ei in die Mitte geben, die Butterstücke um das Ei herum verteilen.

2 Alle Zutaten mit dem Messer gut durchhacken, sodass kleine Teigkrümel entstehen. Mit kalten Händen rasch zu einem Teig verkneten und zu einer Kugel formen. Den Teig in Frischhaltefolie wickeln und mindestens 1 Stunde kühl stellen.

3 Den Backofen auf 180 °C vorheizen. Die Formen einfetten und mit Mehl bestäuben. Den Teig auf der mit Mehl bestäubten Arbeitsfläche ausrollen und die Formen damit auskleiden, dabei einen Rand formen. Aus Backpapier 2 Kreise in der Größe der Form ausschneiden, auf den Teig legen und die Hülsenfrüchte darauf verteilen. Im vorgeheizten Ofen 10 bis 15 Minuten blindbacken. Herausnehmen, Papier und Hülsenfrüchte entfernen. Die Backofentemperatur auf 110 °C herunterschalten.

4 Für die Creme alle Zutaten in einer Schüssel gut verrühren und auf dem Teig verteilen. Die Tartes im Backofen auf der mittleren Schiene 30 Minuten backen. Herausnehmen und vollständig abkühlen lassen.

5 Für den Guss die Gelatine in kaltem Wasser einweichen. Den Maracujasaft und den Zucker in einem Topf 4 Minuten erwärmen, bis sich der Zucker aufgelöst hat. Die Gelatine hinzufügen und darin auflösen. Die Tartes mit einem Esslöffel gleichmäßig mit dem Guss überziehen.

6 Den Nougat in der Sahne in einem Topf bei schwacher Hitze schmelzen lassen. In ein Wasserbad mit Eiswürfeln stellen und die Nougatsahne mit dem Handrührgerät schaumig schlagen.

7 Von der Nougatsahne mit einem Löffel Nocken abnehmen und mit den Maracujatartes anrichten.

Knuspertarte mit Orangenscheiben

Genießen wie Gott in Frankreich: Eine Tarte aus zartem knusprigem Teig wird hier mit einer feinen Orangencreme gefüllt

Zutaten

Für den Mürbeteig:

200 g Mehl · Salz

100 g kalte Butter (in Stücken)

Butter für die Form

Mehl für die Arbeitsfläche

getrocknete Hülsenfrüchte zum Blindbacken

Für die Creme:

3 Eier · 150 g Zucker

150 g Crème double

abgeriebene Schale und Saft von 2 unbehandelten Orangen

75 g Butter

Für den Guss:

1 Päckchen weißer Tortenguss

1/4 l Orangensaft

Außerdem:

1 unbehandelte Orange

2 EL Zucker zum Bestreuen

Zubereitung

FÜR 1 TARTEFORM (24 cm Ø)

1 Für den Mürbeteig das Mehl mit 1 Prise Salz mischen und auf die Arbeitsfläche häufen. Die Butterstücke darauf verteilen und 1 bis 2 EL Wasser hinzufügen. Alle Zutaten mit dem Messer gut durchhacken, sodass kleine Teigkrümel entstehen. Mit kalten Händen zu einem Teig verkneten und zu einer Kugel formen. In Frischhaltefolie wickeln und 1 Stunde kühl stellen.

2 Den Backofen auf 200 °C vorheizen. Die Tarteform einfetten. Den Teig auf der bemehlten Arbeitsfläche in der Größe der Tarteform ausrollen und die Form damit auskleiden, dabei einen Rand formen. Aus Backpapier einen Kreis in der Größe der Form schneiden, auf den Teig legen und mit getrockneten Hülsenfrüchten bedecken. Den Teig im vorgeheizten Ofen auf der mittleren Schiene 20 Minuten blindbacken. Herausnehmen, das Papier und die Hülsenfrüchte entfernen. Den Teig weitere 10 Minuten backen und herausnehmen. Die Backofentemperatur auf 180 °C herunterschalten.

3 Für die Creme die Eier mit dem Zucker schaumig schlagen. Crème double, Orangenschale und -saft unterrühren und die Butter in kleinen Stücken hinzufügen. Im heißen Wasserbad mit dem Handrührgerät cremig schlagen. Die Creme auf den heißen Boden geben, glatt streichen und im Backofen auf der mittleren Schiene etwa 45 Minuten backen, bis der Belag fest ist. Er soll hell bleiben und nicht bräunen, zum Schluss, falls nötig, mit Alufolie abdecken. Herausnehmen und abkühlen lassen. Den Tortenguss nach Packungsanweisung mit dem Orangensaft anrühren und die Tarte damit überziehen.

4 Den Backofengrill einschalten. Ein Backblech mit Backpapier auslegen. Die Orange heiß waschen, trocken reiben und in dünne Scheiben schneiden oder hobeln. Auf das Backblech legen, mit dem Zucker bestreuen und unter dem Grill kurz bräunen. Die Tarte mit den Orangenscheiben belegen, nach Belieben mit Puderzucker bestäuben.

Biskuittorte
mit Heidelbeercreme

Zutaten

1 heller runder Biskuitboden
(vom Bäcker; 26 cm Durchmesser)
8 Blatt weiße Gelatine
700 g Heidelbeeren
(gesüßt; aus dem Glas)
100 g gehackte weiße Schokolade
50 g Sahne
500 g Mascarpone

Zubereitung

FÜR 1 SPRINGFORM (26 cm Ø)

1 Den Biskuit waagerecht durchschneiden, den unteren Teil mit einem Tortenring umschließen. Je 4 Blatt Gelatine in kaltem Wasser einweichen. Die Heidelbeeren in ein Sieb abgießen, dabei den Saft auffangen und beiseitestellen. Die Beeren mit dem Stabmixer pürieren.

2 Vier Blatt Gelatine ausdrücken mit etwas Püree erhitzen, auflösen und unter das restliche Beerenpüree rühren. Die untere Hälfte des Biskuitbodens mit dem Heidelbeerpüree bestreichen und etwas gelieren lassen.

3 Die Schokolade mit der Sahne in einem Topf bei schwacher Hitze unter Rühren schmelzen und etwas abkühlen lassen. Den Mascarpone esslöffelweise hinzufügen und alles mit dem Handrührgerät verrühren. Heidelbeersaft erwärmen, die restliche Gelatine darin auflösen, zu der Mascarponecreme geben und gut verrühren.

4 Ein Drittel der Mascarponecreme auf dem Püree des ersten Bodens verteilen. Den zweiten Boden daraufsetzen, Creme bis auf etwa 5 EL daraufstreichen. Übrige Creme kühl stellen, bis sie zu gelieren beginnt. Den Ring entfernen, die Torte rundum mit der restlichen Creme bestreichen.

Rotwein-Sahne-Torte
mit Cassislikör und Gelee

Zutaten

Für den Rührteig:
100 g Zartbitterschokolade
je 250 g Butter und Zucker
4 Eier · 250 g Mehl
3 TL Backpulver
je 1 TL Zimt- und Kakaopulver
1/8 l Rotwein

Für die Creme:
8 Blatt rote Gelatine
1/4 l Rotwein
7 EL Johannisbeergelee
2 TL abgeriebene unbehandelte Zitronenschale
500 g Sahne · 6 EL Puderzucker
2 EL Cassislikör

Zubereitung

FÜR 1 SPRINGFORM (26 cm Ø)

1 Den Backofen auf 180 °C vorheizen. Für den Teig die Schokolade fein hacken. Die Butter mit dem Zucker cremig rühren. Die Eier einzeln unterrühren. Mehl, Backpulver, Zimt und Kakao mischen, über die Buttermasse sieben und unterrühren. Nach und nach den Rotwein hinzufügen und die Schokolade unterheben.

2 Den Teig in die mit Backpapier ausgelegte Form füllen, glatt streichen und im Ofen auf der mittleren Schiene 1 Stunde backen. Herausnehmen und in der Form vollständig abkühlen lassen.

3 Für die Creme die Gelatine einweichen. Rotwein mit 3 EL Gelee und 1 TL Zitronenschale pürieren, einmal aufkochen lassen und vom Herd nehmen. Die Gelatine gut ausdrücken, in der Rotweinmischung auflösen und etwas abkühlen lassen. Sahne mit Puderzucker und 1 TL Zitronenschale steif schlagen. Die Rotweinmischung löffelweise unterrühren und alles 30 Minuten kühl stellen.

4 Die Rotweinsahne auf dem Boden in der Form verteilen, glatt streichen und kleine Vertiefungen in die Tortenoberfläche drücken. 4 EL Gelee mit dem Likör glatt rühren und in die Vertiefungen geben. Die Torte 3 Stunden kühl stellen.

Erdbeertorte mit Holunderblütencreme

Jetzt muss die Kaffeetafel im Freien gedeckt werden: Wenn die Erdbeeren reif sind und der Holunder blüht, ist die Gartensaison eröffnet

Zutaten

1/4 l Weißwein
100 g Zucker
Saft von 1/2 Zitrone
Mark von 1/2 Vanilleschote
8 Holunderblütendolden
2 Eier · 50 g Zucker
je 3 EL Mehl und Speisestärke
40 g fein gerebelte Holunderblüten
2 EL zerlassene Butter
5 Blatt weiße Gelatine
100 g saure Sahne
300 g Sahne
500 g Erdbeeren
100 g Erdbeerkonfitüre

Zubereitung

FÜR 1 SPRINGFORM (24 cm Ø)

1 Am Vortag den Weißwein mit Zucker, Zitronensaft und Vanillemark in einem Topf aufkochen und etwas abkühlen lassen. Die Holunderblüten verlesen, waschen und abtropfen lassen. Im Weinsud zugedeckt über Nacht ziehen lassen.

2 Den Backofen auf 180 °C vorheizen. Den Boden der Form mit Backpapier auslegen. Für den Biskuit die Eier mit dem Zucker in einer Schüssel im heißen Wasserbad schaumig schlagen. Aus dem Wasserbad nehmen und so lange weiterschlagen, bis die Masse kalt ist. Mehl, Stärke und gerebelte Holunderblüten darübersieben und untermischen. Die Butter unterrühren.

3 Die Biskuitmasse in die Springform füllen und glatt streichen. Den Biskuit im vorgeheizten Ofen auf der mittleren Schiene etwa 30 Minuten backen. In der Form abkühlen lassen.

4 Die Gelatine in kaltem Wasser einweichen. Den Weinsud durch ein Sieb in einen Topf gießen. Etwas Holunderwein abnehmen und in einem kleinen Topf erhitzen. Die Gelatine gut ausdrücken und darin auflösen. Mit der sauren Sahne unter den restlichen Weinsud rühren und kühl stellen, bis die Holundermasse zu gelieren beginnt.

5 Die Sahne steif schlagen und ein Drittel davon unter die Holunderblütencreme rühren, den Rest vorsichtig unterheben. Die Creme auf dem Biskuitboden in der Springform verteilen und kühl stellen.

6 Die Erdbeeren waschen und putzen, je nach Größe ganz lassen oder halbieren. Die Holundercreme dicht damit belegen. Die Erdbeerkonfitüre mit 2 EL Wasser aufkochen und mit dem Stabmixer fein pürieren, die Erdbeeren damit glasieren. Die Erdbeertorte nach Belieben mit Puderzucker bestäuben.

Schokoladenkuchen mit gemahlenen Mandeln

Für Groß und Klein: Bei diesem wunderbar saftigen Kuchen kommen Schokoladenliebhaber garantiert voll und ganz auf ihre Kosten

Zutaten

Für den Rührteig:

200 g Zartbitterschokolade

200 g weiche Butter

150 g Puderzucker

8 Eier

100 g Zucker

150 g Mehl

50 g gemahlene Mandeln

Für den Guss:

300 g dunkle Kuvertüre

Außerdem:

Butter und gemahlene Mandeln für die Form

Zubereitung

FÜR 1 KASTENFORM (25 cm Länge)

1 Die Kastenform einfetten und mit den Mandeln ausstreuen, anschließend kühl stellen. Für den Teig die Schokolade fein hacken. Drei Viertel von der Schokolade in einer Schüssel im heißen Wasserbad unter Rühren schmelzen lassen, den Rest beiseitestellen.

2 Den Backofen auf 180 °C vorheizen. Die Butter und den Puderzucker in einer Schüssel mit dem Handrührgerät cremig schlagen. Die Eier trennen. Nacheinander die Eigelbe und die geschmolzene Schokolade unter die Buttermasse rühren.

3 Die Eiweiße zu einem festen Schnee schlagen, dabei nach und nach den Zucker einrieseln lassen. Den Eischnee vorsichtig unter die Schokoladenmasse heben. Das Mehl mit den Mandeln und der restlichen gehackten Schokolade mischen und ebenfalls unter die Schokoladenmasse heben. Den Teig in die Form füllen und im vorgeheizten Ofen auf der mittleren Schiene etwa 1 Stunde backen.

4 Den Schokoladenkuchen herausnehmen und etwas ruhen lassen. Aus der Form lösen und vollständig abkühlen lassen. Für den Guss die Kuvertüre grob hacken und in einer Schüssel im heißen Wasserbad unter Rühren schmelzen lassen. Den Schokoladenkuchen großzügig mit der Kuvertüre überziehen.

Tipp

Für eine Kinderparty den noch weichen Schokoguss mit Smarties, Gummibärchen oder Kerzen verzieren. Wer Kontraste liebt, schmilzt 300 g weiße Kuvertüre und überzieht den dunklen Kuchen damit.

Quarkd-Nuss-Schnitten

mit Amarenakirschen

Zutaten

200 g geraspelte Vollmilch-schokolade

200 g gemahlene Haselnüsse

125 g Mehl · 1 TL Backpulver

6 Eier · Salz · 250 g Zucker

300 g weiche Butter

1 EL Puderzucker

250 g Speisequark

350 g Amarenakirschen (aus dem Glas)

100 g geröstete Mandelblättchen

100 g Zartbitterschokoladen-röllchen

Zubereitung

FÜR 1 BACKBLECH

1 Am Vortag die Vollmilchschokolade in einer Schüssel mit den Nüssen mischen. Das Mehl mit dem Backpulver in einer zweiten Schüssel mischen. Die Eier trennen, die Eiweiße mit 1 Prise Salz zu einem festen Schnee schlagen.

2 Den Backofen auf 180 °C vorheizen. Den Zucker mit 200 g Butter cremig rühren. Nach und nach die Eigelbe unterrühren. Erst die Schoko-Nuss-Mischung und dann die Mehlmischung unter die Buttermasse rühren, zum Schluss den Eischnee unterheben.

3 Ein Backblech mit Backpapier auslegen, den Teig darauf verteilen und glatt streichen. Im vorgeheizten Ofen auf der mittleren Schiene etwa 20 Minuten backen. Herausnehmen, etwas abkühlen lassen und auf ein Kuchengitter stürzen. Das Papier abziehen und den Nussboden zugedeckt mindestens 12 Stunden ruhen lassen.

4 Die restliche Butter mit dem Puderzucker cremig rühren, den Quark unterrühren. Den Nussboden wenden und mit der Creme bestreichen. Die Kirschen daraufsetzen, leicht hineindrücken und mit Kirschsirup aus dem Glas beträufeln. Mit Mandeln und Schokoröllchen bestreuen.

Käsekuchen
mit Kirschen und Kokos

Zutaten

Für den Teig:
150 g Mehl · 1/2 TL Backpulver
1 kleine Msp. Salz · 75 g Zucker
1 Päckchen Vanillezucker
1 Ei · 75 g weiche Butter
Mehl für die Arbeitsfläche
Butter für die Form

Für die Füllung:
3 Eier · 200 g Sahne
250 g Sauerkirschen
(entsteint; aus dem Glas)
750 g Speisequark
150 g Zucker · Saft von 1 Zitrone
50 g Speisestärke
3–4 EL Kokosspäne

Zubereitung

FÜR 1 SPRINGFORM (28 cm Ø)

1 Den Backofen auf 200 °C vorheizen. Für den Teig alle Zutaten verrühren und auf der bemehlten Arbeitsfläche mit kalten Händen zu einem glatten Teig verkneten. Ausrollen und die eingefettete Form damit auskleiden, dabei einen Rand formen. Mit Backpapier und Hülsenfrüchten bedecken. Im Ofen etwa 10 Minuten backen.

2 Herausnehmen und die Backofentemperatur auf 170 °C herunterschalten. Für die Füllung die Eier trennen, die Eiweiße zu einem festen Schnee schlagen. Die Sahne steif schlagen.

3 Die Kirschen in ein Sieb abgießen und gut abtropfen lassen. Die Eigelbe mit Quark, Zucker, Zitronensaft und Stärke verrühren. Die Sahne, den Eischnee und die Kirschen unterheben. Die Quarkmasse in der Form auf dem Teigboden verteilen und glatt streichen. Den Käsekuchen im Ofen etwa 1 Stunde backen, die Backofentür während dieser Zeit nicht öffnen.

4 Die Kokosspäne in einer beschichteten Pfanne ohne Fett anrösten. Den Kuchen herausnehmen, etwas abkühlen lassen und die Kokosspäne darüberstreuen oder in den Kuchen stecken. Den Kuchen gut gekühlt servieren.

Rosentorte
mit Weincreme

Die süße Krönung: Mit ihrem verschwenderischen Dekor aus duftenden Rosenblättern ist diese Torte ideal für besondere Anlässe

Zutaten

Für den Biskuitteig:

5 Eier · Salz

75 g Zucker

je 75 g Mehl und Speisestärke

100 g gemahlene Mandeln

Für die Creme:

350 ml Weißwein

2 cl Cognac

4 cl Amaretto (ital. Mandellikör)

75 g Zucker

7 große, stark duftende, unbehandelte Rosen

4 Blatt weiße Gelatine

500 g Sahne

Außerdem:

1 Eiweiß

100 g extrafeiner Zucker

3 EL geröstete Mandelblättchen

Zubereitung

FÜR 1 SPRINGFORM (24 cm Ø)

1 Den Backofen auf 180 °C vorheizen. Die Springform mit Backpapier auslegen. Für den Biskuitteig die Eier trennen. Die Eiweiße mit 1 Prise Salz zu einem festen Schnee schlagen, dabei 30 g Zucker einrieseln lassen. Die Eigelbe mit dem restlichen Zucker und 2 EL Wasser mit dem Handrührgerät schaumig schlagen. Mehl, Stärke und Mandeln in einer Schüssel mischen.

2 Die Eigelbmasse mit der Mehlmischung verrühren, den Eischnee unterheben. Den Teig in die Form füllen und glatt streichen. Den Biskuit im vorgeheizten Ofen auf der mittleren Schiene etwa 40 Minuten backen. Herausnehmen, etwas abkühlen lassen und aus der Form lösen. Den Biskuitboden mindestens 2 Stunden (am besten über Nacht) ruhen lassen.

3 Für die Creme den Weißwein mit Cognac, Amaretto und dem Zucker verrühren. Von 4 Rosen die Blütenblätter abzupfen, in die Weinmischung legen und 2 Stunden ziehen lassen. Die Gelatine in kaltem Wasser einweichen. Die Sahne steif schlagen. Die Weinmischung durch ein Sieb gießen und erwärmen, die Gelatine gut ausdrücken und darin auflösen. Die Flüssigkeit so lange schlagen, bis sie schaumig wird und zu gelieren beginnt. Die Hälfte der Sahne unterheben, den Rest kühl stellen.

4 Den Biskuit zweimal waagerecht durchschneiden. Den unteren Boden in die Springform legen und die Hälfte der Weincreme darauf verteilen. Den Vorgang wiederholen, mit dem letzten Tortenboden abschließen, 2 bis 3 Stunden kühl stellen.

5 Den Backofen auf 50 °C vorheizen. Die Blütenblätter der restlichen Rosen abzupfen, mit dem verquirlten Eiweiß bestreichen und dem Zucker bestreuen. Die Rosenblätter im vorgeheizten Ofen auf der mittleren Schiene etwa 3 Stunden trocknen lassen, dabei immer wieder vom Gitter lösen. Die Torte mit der restlichen Sahne bestreichen. Die Oberfläche mit den Rosenblättern, den Rand mit den Mandelblättchen garnieren.

Linzer Torte
mit Johannisbeerkonfitüre

Zutaten

Für den Mürbeteig:
je 200 g Mehl und kalte Butter
100 g Puderzucker
100 g gemahlene Haselnüsse
1 Ei · 1/4 TL Nelkenpulver
1/2 TL Zimtpulver
1 TL abgeriebene unbehandelte Zitronenschale · 1 EL Zitronensaft
Butter für die Form

Für die Füllung:
400 g Johannisbeerkonfitüre

Außerdem:
1 runde Tortenoblate (28 cm Durchmesser) · 1 Eigelb

Zubereitung

FÜR 1 SPRINGFORM (28 cm Ø)

1 Für den Mürbeteig das Mehl und die Butter mit kalten Händen verkneten und mit den restlichen Zutaten zu einem glatten Teig verarbeiten. Zu einer Kugel formen, in Frischhaltefolie wickeln und den Teig 1 Stunde kühl stellen.

2 Den Teig dritteln. Mit einem Drittel den Boden der eingefetteten Springform auskleiden. Die Tortenoblate darauflegen und mit reichlich Johannisbeerkonfitüre bestreichen, dabei auf dem Boden einen 1 cm breiten Rand frei lassen. Den Backofen auf 175 °C vorheizen.

3 Das zweite Drittel des Teiges ausrollen und in 1 cm breite Streifen schneiden. Die Teigstreifen gitterförmig auf die Füllung legen. Das restliche Teigdrittel zu einer langen dünnen Rolle formen und als Rand um die Torte legen, gut festdrücken.

4 Das Eigelb mit einigen Tropfen Wasser verquirlen und das Teiggitter damit bestreichen. Die Torte im vorgeheizten Ofen auf der mittleren Schiene 50 Minuten backen. Herausnehmen, etwas abkühlen lassen und aus der Form lösen. Vor dem Servieren die Teigstreifen nach Belieben mit Puderzucker bestäuben.

Napfkuchen
mit Pekannüssen

Zutaten

Für den Rührteig:

je 250 g weiche Butter und Zucker

1 Päckchen Vanillezucker

6 Eier · 500 g Mehl

1 Päckchen Backpulver · 1/8 l Milch

2–3 Tropfen Arrakaroma

(ersatzweise Rumaroma)

120 g gehackte Pekannüsse

Für den Guss:

200 g weiße Kuvertüre

Außerdem:

Butter und Paniermehl

für die Form

Zubereitung

FÜR 1 KRANZFORM

1 Die Form einfetten und mit Paniermehl ausstreuen. Für den Teig die Butter in einer Schüssel mit dem Handrührgerät cremig schlagen. Den Zucker und den Vanillezucker einrieseln lassen und die Buttermasse cremig rühren. Nach und nach die Eier unterrühren und weiterschlagen, bis sich der Zucker aufgelöst hat.

2 Den Backofen auf 175 °C vorheizen. Das Mehl und das Backpulver mischen, einige EL Mehlmischung auf die Buttermasse sieben und unterrühren. 4 EL Milch dazugeben, nochmals Mehl darübersieben und so weiterverfahren, bis die Zutaten aufgebraucht sind. Alles zu einem geschmeidigen Teig verarbeiten. Das Arrakaroma und die Pekannüsse untermischen.

3 Den Teig in die Form füllen, glatt streichen und im vorgeheizten Ofen auf der untersten Schiene 50 Minuten backen. Herausnehmen, etwas abkühlen lassen und aus der Form lösen.

4 Für den Guss die Kuvertüre grob hacken und im heißen Wasserbad unter Rühren schmelzen lassen. Den Kuchen großzügig mit der flüssigen Kuvertüre überziehen und trocknen lassen.

Rezeptregister

Impressum

6. Auflage 2011
ISBN 978-3-89883-167-3

Grafische Gestaltung: Georg Feigl
Rezepte: ZS-Team
Redaktion: Alexandra Schlinz
Herstellung: Karin Mayer, Peter Karg-Cordes
Lithografie: Christine Rühmer
Druck & Bindung in Italien

Bildnachweis

Umschlagfotos: Susie Eising (Vorderseite); StockFood/Susie Eising (Rückseite oben und Mitte); StockFood/FoodPhotography Eising (Rückseite unten). StockFood/I. Bagwell: 97; StockFood/H. Bischof: 31; StockFood/M. Brauner: 117; StockFood/J. Cazals: 19, 60; StockFood/FoodPhotography Eising: 10–11, 21, 23, 25, 27, 33, 37, 42, 47, 48–49, 53, 54, 57, 59, 65, 103, 104–105, 119, 122, 125; StockFood/S. Eising: 1, 2–3, 13, 15, 18, 26, 29, 34, 39, 43, 45, 51, 69, 73, 74, 75, 77, 78–79, 81, 83, 87, 89, 93, 96, 110, 113; StockFood/S. & P. Eising: 7 Mitte, 41; StockFood/Feig/Feig: 7 (3. von oben links); StockFood/M. O. Finley: 6 rechts, 90, 100, 126; StockFood/Food Image Source: 127; StockFood/Foodcollection: 17, 55, 123; StockFood/Food-Foto Köln: 116; StockFood/L. Hammond: 68; StockFood/A. Hbrková: 7 oben rechts, 67, 95; StockFood/P. Hible: 91; StockFood/J. Jackson: 6 links; StockFood/J. Jhaveri: 84; StockFood/R. Jung Photography: 61; StockFood/J. Lee Studios: 101; StockFood/N. Lemonnier: 7 oben links; StockFood/W. Lingwood Drool Ltd: 71; StockFood/L. Lister: 85, 121; StockFood/D. Loftus Limited: 46; StockFood/A. Moretto: 109; StockFood/Kia Nu: 107; StockFood/P. Ranung: 63; StockFood/P. Rees: 4–5, 111; StockFood/S. Smith Photography Ltd: 35; StockFood/Maximilian Stock Ltd: 7 (2. von oben links und unten); StockFood/F. Wieder: 115; StockFood/A. Zogbaum: 99; ZS Verlag/W. Cimbal: 8 und 9